Dag

Schmerzen weg auf Fingerdruck

Akupressur

Mit der chinesischen Druckmassage Alltagsbeschwerden bei Erwachsenen und Kindern naturgemäß behandeln

Südwest

Inhalt

Durch sanften und gezielten Druck aktivieren Sie die Selbstheilungskräfte des Körpers.

Zum Wohlbefinden gehört nach fernöstlicher Denkweise untrennbar die Fähigkeit, sich in der Meditation zu versenken.

Chinesische Medizin und Philosophie

Sind wir Europäer krank oder empfinden Schmerzen, dann wollen wir diesen Zustand möglichst schnell beenden. Aus diesem Grund nehmen wir oft zu schnell zu stark wirkende Medikamente ein. Wir warten die lindernde Wirkung ab und denken nicht weiter über Ursache und Wirkung, über den Zusammenhang zwischen Körper und Seele nach. In der chinesischen Medizin hingegen werden nicht nur die Symptome behandelt, d.h. die Schmerzen oder die erkrankten Organe, sondern es wird hauptsächlich nach den Ursachen der Erkrankung geforscht. In der chinesischen Heilkunst gilt in diesem Zusammenhang der Grundsatz: Jede Ursache hat eine bestimmte Wirkung, und jede Wirkung hat auch eine entsprechende Ursache.

Für viele Menschen bedeutet Krankheit nur eine unangenehme Störung des körperlichen Wohlbefindens. Oft werden dann mit starken Medikamenten die Symptome bekämpft, während die eigentlichen Ursachen der Erkrankung unbehandelt bleiben.

Harmonie von Körper und Geist

Dieses medizinische Selbstverständnis wurde schon in der griechischen Antike von dem berühmten Arzt Hippokrates gelehrt. Er ging davon aus, dass einer Erkrankung immer eine gestörte Ordnung der Harmonie von Geist und Körper zugrunde lag.

Hippokrates erzielte gute Behandlungserfolge, indem er versuchte, die gestörte Harmonie von Körper und Seele wieder in ein Gleichgewicht zu bringen. Dieses Prinzip, das danach strebt, einen möglichst harmonischen Energiezustand sowohl im körperlichen als auch im psychischen Bereich des Menschen herzustellen, bildet eine der wichtigsten Grundlagen der chinesischen Medizin.

Der Mensch – Spiegelbild des Kosmos

Nach der fernöstlichen Denkweise stellt der Mensch als Mikrokosmos das Spiegelbild des Makrokosmos dar. Alle Vorgänge im menschlichen Körper spiegeln die Abläufe, die im All und in der ganzen Welt stattfinden, wider. Deshalb sind alle Lebewesen in die Gesetzmäßigkeiten und Regeln der Natur eingebunden. Grundlegend für diese Weltsicht ist die Vorstellung einer energetischen Einheit von Seele, Geist und Körper. Der chinesischen Naturheilmedizin liegt also eine ganzheitliche Betrachtungsweise zugrunde. Die Erkrankung oder das betroffene Organ wird nicht isoliert betrachtet, sondern es wird die Ursache in den körperlichen und psychischen Disharmonien gesucht.

Zur Gesundheit in einem ganzheitlichen Verständnis gehören nicht nur funktionierende Organe und günstige Laborwerte. Auch Ihr seelisches Befinden sollte im Gleichgewicht sein.

Gesundheit und Krankheit

Wann ist der Mensch gesund? Nach der Definition der Weltgesundheitsorganisation (WHO) bedeutet Gesundheit einen Zustand völligen körperlichen, geistigen, seelischen und sozialen Wohlbefindens des Menschen. Gesund sind wir also, wenn alle unsere Organe funktionieren, die Laborwerte innerhalb der Norm liegen, wir keine Schmerzen oder Beschwerden verspüren. Wenn wir zusätzlich noch über Kraft und Vitalität verfügen und unser Leben harmonisch verläuft, kann das nur bedeuten, dass wir glücklich und zufrieden sind.

Aber: Sind wir wirklich gesund, wenn wir uns täglich selbst belügen und unseren seelischen Konflikten aus dem Weg gehen? Wenn wir nach außen hin die Fassade wahren, den schönen Schein? Wenn wir unserer Umwelt beispielsweise vorspielen, wie glücklich wir in unserer Partnerbeziehung seien – und uns im Innersten doch unglücklich fühlen?

Aus dem Gleichgewicht gebracht

Beispiele für eine aus dem Gleichgewicht gebrachte Harmonie gibt es viele. Nehmen wir einen Fall aus dem täglichen Leben: Eine Partnerschaft geht zu Ende. An die Stelle von Liebe und Vertrauen sind nun Hass, Misstrauen und Ablehnung getreten. Alle diese unguten Gefühle bergen viele negative Energien in sich und können sowohl seelisch als auch körperlich krank machen.

Krankheit – eine Störung des Gleichgewichts

Unter Krankheit wird in der chinesischen Medizin eine Störung der körperlichen und seelischen Harmonie verstanden. Wie in der indischen Medizin, dem Ayurveda, geht man auch in China davon aus, dass eine Person, die sich in einem harmonischen Gleichgewicht befindet, gesund ist. Wenn dieses Gleichgewicht gestört ist, wird der Organismus empfänglich für Krankheiten.

In der Krankheit liegt aber zugleich auch eine Chance. Der Manager erleidet möglicherweise seinen längst fälligen Herzinfarkt, bekommt aber dadurch gleichzeitig die Chance, sein Leben positiv zu korrigieren. Der in seiner Partnerschaft Unglückliche bricht sich womöglich ein Bein und hat damit die Gelegenheit, über seine Beziehung nachzudenken und eine andere Perspektive einzunehmen.

Eine positive Lebenseinstellung kann Ihnen dabei helfen, Krankheiten zu überwinden und die daraus resultierenden Chancen zu nutzen.

Wenn der Körper die Notbremse zieht

Jede Krankheit ist eine Notbremse des Körpers, um aufgestaute negative Potenziale abzuleiten. Das Grundproblem liegt meist im seelischen Bereich. Sie müssen für sich klären, was oder wer Sie behindert und blockiert. Dies ist oft ein sehr schwieriges Unterfangen, denn vieles, was unangenehm ist, wird meist verdrängt.

Bestimmen Sie selbst, ob Sie gesund sind

Gerade weil vielen Krankheiten seelische Ursachen zugrunde liegen, können sie auch positive Auswirkungen auf Körper und Seele haben, wenn wir die Erkrankung als Chance begreifen.

Enttäuschungen und Konflikte, Siege und Erfolge, all diese Erfahrungen liegen in uns selbst, sie sind abhängig von unserer subjektiven Betrachtungsweise und unseren Erwartungen. Man kann beispielweise ein zur Hälfte ausgetrunkenes Glas als »halb voll« oder auch als »halb leer« betrachten. Eine positive Lebenseinstellung und die Konzentration auf das Wesentliche im Leben, auf das, was unserem Selbst entspricht, ist der Schlüssel zu körperlicher Gesundheit und geistiger Reife.

Erkrankungen haben oft seelische Ursachen

Eine Krankheit kann eine sinnvolle Lebenskrise sein. Für die betroffenen Personen ist es wichtig, falsch eingeschlagene Wege zu erkennen und wieder zu verlassen. Frustration und negative Gedanken vergiften unser positives Lebensgefühl. Dies führt früher oder später zu einer Erkrankung, die in ihrer Erscheinungsform der ihr zugrunde liegenden seelischen Störung entspricht.

Entspannung durch Meditation: Die fernöstliche Medizin weiß um den Zusammenhang zwischen seelischer Gelassenheit und körperlichem Wohlbefinden.

Ganzheitlichkeit und Medizin

Um die chinesische Medizin richtig verstehen zu können, ist es wichtig, den Körper nicht als eine Maschine zu betrachten, sondern die Wechselbeziehung zwischen Körper und Seele wahrzunehmen. Diese Ganzheitlichkeit drückt sich auch in der chinesischen Elementenlehre aus, welche die Basis der gesamten fernöstlichen Lebensphilosophie bildet. Wer diese Lehre kennt, wird die Heilmethode der Akupressur besser nachvollziehen können.

Die fünf Grundelemente des Lebens

Die fünf Elemente Erde, Wasser, Feuer, Metall und Holz stellen ein bioenergetisches Prinzip dar. Gleichzeitig werden sie nicht nur in fast jeder Religion, sondern auch in vielen anderen Kulturen (z. B. in Tibet, in Afrika, in Indien und im gesamten Orient) als die Urelemente der Schöpfung angesehen.

In viele Gottesdienste und Zeremonien werden sie integriert, z. B. während einer katholischen Messe: Das Element Feuer stellt das Kerzenlicht dar, das Element Metall wird durch Weihrauch symbolisiert, das Element Wasser findet sich im Weihwasser, und stellvertretend für das Element Erde wird eine Hostie gereicht.

In den unterschiedlichsten Kulturen beziehen sich die Menschen immer wieder auf Grundelemente der Natur, um ihre Stellung im Kosmos zu definieren.

Harmonie der Elemente

In China ist es sogar üblich, dass man sich, wenn ein Haus gebaut oder eine Wohnung eingerichtet wird, mit Hilfe eines speziellen Beraters streng nach der Fünf-Elemente-Lehre richtet. Die Berücksichtigung dieses Prinzips soll Harmonie in den Wohnräumen erzeugen und somit auch auf das Wohlbefinden derjenigen Menschen wirken, die sich in ihnen aufhalten.

Wechselwirkung und Harmonie

Das Prinzip der fünf Elemente Holz, Metall, Feuer, Wasser und Erde bildet den Kern aller chinesischen Wissenschaften. Man betrachtet die Elemente nicht isoliert, sondern in ihrer Wechselwirkung. Dabei kann jedes Element wiederum ein anderes erzeugen:

- Brennendes Holz erzeugt Feuer.
- Feuer hinterlässt Asche (= Erde).
- Erde stellt die Quelle des Metalls dar.
- Metall kann verflüssigt werden (Flüssigkeit = Wasser).
- Wasser lässt Holz gedeihen.

Das Element Holz symbolisiert Leben und organisches Material, Erde steht für Form, Festigkeit und Stabilität. Metall symbolisiert Materielles und Durchsetzungsvermögen, Wasser bedeutet Kommunikation und Feuer Intelligenz, Energie sowie Hitze.

Das vorausgehende Element ist dem nachfolgenden immer wohlgesinnt. Deshalb achtet man bei allen Therapien auf die richtige, harmonische Reihenfolge.

Jedes der fünf Elemente besitzt Affinitäten zu bestimmten Körperorganen und auch zu bestimmten Jahreszeiten, Geschmacksrichtungen, Gefühlen und Sinnen. Um die Lebensenergie in Fluss und somit die Gesundheit stabil zu halten, ist es sehr wichtig, dass die Elemente im Gleichgewicht bleiben.

Das Gleichgewicht der Organe

Wie die fünf Elemente stehen auch die ihnen zugeordneten Organe in einer Wechselbeziehung. Wie jedes Element aus einem anderen entsteht, so hat auch jedes Organ eines, das zu ihm in einer Art »Elternbeziehung« steht. Dieses übergeordnete Organ wird unterstützend behandelt, wenn das »Kind«-Organ erkrankt ist. Deshalb werden etwa Bauchschmerzen nicht nur über den Magenmeridian behandelt, sondern auch über den Milz-Pankreas- oder den Kreislauf-Sexualität-Meridian (siehe Seite 13 ff.).

Yin und Yang – die polaren Kräfte

Yin und Yang sind symbolhafte Begriffe der beiden polaren Energien in unserem Körper, die sich ständig wechselseitig ergänzen. Ein harmonisches Gleichgewicht der Yin- und Yang-Organe bedeutet Gesundheit. Ein gestörtes Gleichgewicht verursacht Krankheiten.

Tao als kosmisches Lebensprinzip

Nach Laotse ist das Tao ein logisch oder sinnlich nicht begreifbares Geheimnis des Universums. Das Tao ist nach dieser Vorstellung der Beginn allen Seins und wird durch den zunächst leeren Kreis dargestellt. Dieser Kreis symbolisiert die Begrenzung des Seins ohne einen Anfang und ohne ein Ende.

Die Begriffe »Yin« und »Yang« tauchen erstmals im I Ging, dem berühmten Buch der Wandlungen, auf. Die Haupttexte des I Ging werden auf das 11. Jahrhundert v. Chr. datiert.

Yang und Yin, das männliche und das weibliche Prinzip, füllen diesen Kreis aus. Yang und Yin werden hell bzw. dunkel dargestellt und greifen harmonisch ineinander. Sie ergeben ein ausgewogenes und komplettes Ganzes. Im dunklen Teil des Yins befindet sich ein kleiner heller Teil des Yangs und umgekehrt. So wird versinnbildlicht, dass die beiden Prinzipien nie isoliert existieren, sondern immer mit ihrem jeweiligen Gegenpol verbunden sind.

Kein Teil kann ohne sein Gegenstück existieren. In jeder Dunkelheit findet sich Licht, in jedem Ende steckt ein Neubeginn. So sind auch Krankheit und Gesundheit keine isolierten und gegensätzlichen Phänomene, sondern Ausdruck eines Zusammenhangs zwischen Yin und Yang.

Auch die Nahrung ist Yin oder Yang

Auch Nahrungsmittel werden entsprechend den Energien Yang und Yin eingeteilt. Wenn sie heiß oder warm sind, gehören sie zu Yang; neutrale, kühle oder kalte Lebensmittel gehören dagegen zu Yin. Maßgeblich bei der Einordnung sind dabei vor allem die Geschmacksrichtungen: Süße und scharfe Lebensmittel und Speisen werden Yang zugeordnet, die Geschmacksrichtungen bitter und sauer gehören zu Yin, während salzig sowohl Yang als auch Yin sein kann. So gegensätzlich Yin und Yang auch sein mögen, getrennt werden können sie nicht, denn sie bedingen sich gegenseitig.

Die Meridiane, ein komplexes Geflecht von Energiebahnen, durchziehen den gesamten menschlichen Organismus. In den Meridianen zirkuliert die Energie des Lebens – das Qi.

Die Lebensenergie Qi

Qi nennen die Asiaten die Lebensenergie, die in einem besonderen Kanalsystem des Körpers fließt. Im gesunden Organismus fließt Qi ungehindert. Wenn Störungen auftreten, wird das Qi blockiert. Dies kann zu Befindlichkeitsstörungen oder Erkrankungen führen.

Auch die Lebensenergie Qi setzt sich aus den entgegengesetzten Kräften von Yin und Yang zusammen. Man kann sich Yin und Yang in Form von zwei Waagschalen vorstellen. Optimal ist es, wenn beide Schalen im Gleichgewicht sind. Der Körper befindet sich dann in Harmonie und ist gesund.

Geht diese Balance verloren, ist also ein Überschuss von Yang oder Yin vorhanden, wird die betreffende Person unausgeglichen und im schlimmsten Fall krank. Die polaren Kräfte von Yin und Yang kann man beispielweise vergleichen mit:

- Sommer und Winter
- Männlich und weiblich
- Leben und Tod

Die Meridiane

Qi, die Energie des Körpers, fließt in Leitbahnen, den Meridianen. Sie können sich diese Meridiane wie Nervenstränge vorstellen. In unserem Körper befinden sich zwölf Hauptmeridiane, die jeweils paarig angelegt sind: Jeden Meridian gibt es in einer Version für die linke und einer für die rechte Körperhälfte. Den Meridianen sind fünf Yin- und sechs Yang-Organe zugeordnet. Der Herzbeutelmeridian nimmt eine Sonderstellung ein, denn er wird sowohl Yin als auch Yang zugeordnet.
Hinzu kommen zwei Sondermeridiane, so genannte Gefäße, die entlang der Körpermitte verlaufen: das Konzeptionsgefäß (Yin) und das Lenkergefäß (Yang). Auf diesen Meridianen liegen Reizpunkte, die nicht auf einem der zwölf Hauptmeridiane lokalisierbar sind.

Das Verständnis der wechselseitigen Verbundenheit von Lebenskräften (Energien), Organen und Meridianen bildet die Grundlage von Akupressur und Akupunktur.

Die 14 Meridiane

- **3 E** Dreifacher Erwärmer (Yang)
- **B** Blasenmeridian (Yang)
- **DI** Dickdarmmeridian (Yang)
- **DÜ** Dünndarmmeridian (Yang)
- **G** Gallenblasenmeridian (Yang)
- **H** Herzmeridian (Yin)
- **KG** Konzeptionsgefäß (Yin)
- **KS** Herzbeutelmeridian oder Kreislauf-Sexualität-Meridian (Yin/Yang)
- **LE** Lebermeridian (Yin)
- **LG** Lenkergefäß (Yang)
- **LU** Lungenmeridian (Yin)
- **M** Magenmeridian (Yang)
- **MP** Milz-Pankreas-Meridian (Yin)
- **N** Nierenmeridian (Yin)

Der Dreifache Erwärmer (Yang)

In der chinesischen Medizin hat der Dreifache Erwärmer oder Dreifache Brenner zwar eine Funktion, jedoch keine bestimmte Form. Am besten lässt er sich als Beziehung zwischen den Organen des Körpers beschreiben, die den Wasserhaushalt regulieren. Das sind vor allem Milz, Lunge, Nieren, Blase und Dünndarm.
Die Akupressurpunkte des Dreifachen-Erwärmer-Meridians wirken auf die Ausscheidungsorgane, die Verdauungsfunktionen und auf die Atmung ein.

Aufgabe der Yang-Organe ist es, jenen Teil der Nahrung, der in Grundsubstanzen umgewandelt werden soll, aufzuspalten und im Körper zu absorbieren. Im Anschluss daran werden die unbrauchbaren Nahrungsanteile abtransportiert und wieder ausgeschieden.

Der Blasenmeridian (Yang)

Die Druckpunkte dieses Meridians wirken auf alle Beschwerden, die mit den Nieren und der Blase zusammenhängen, auf Hormonstörungen und auf Erkrankungen der Gelenke.

Der Dickdarmmeridian (Yang)

Der Dickdarmmeridian wirkt auf die Funktion der Schleimhäute und ist ein wichtiger Ausscheidungsmeridian. Seine Druckpunkte werden bei Asthma, Atembeschwerden, Lungenproblemen und Darmerkrankungen akupressiert.

Der Dünndarmmeridian (Yang)

Die im Magen begonnene Trennung von »Reinem« und »Trübem« setzt sich im Dünndarm fort. Hier werden die reinen Teile extrahiert und an die Milz weitergeleitet. Die festen trüben Teile wandern weiter in den Dickdarm, die flüssigen zu den Nieren und schließlich zur Blase.
Der Meridian wirkt direkt auf die Schleimhäute und krampflösend. Die Druckpunkte werden bei Gelenkbeschwerden, Darmproblemen und Nervosität stimuliert.

Der Gallenblasenmeridian (Yang)

Die in der Leber aus überschüssigem Qi produzierte Galle wird in der Gallenblase gespeichert und in den Dünndarm weitergeleitet, wo sie den Verdauungsprozess unterstützt.
Die Akupressurpunkte dieses Meridians wirken auf die Psyche und krampflösend. Sie werden bei Gallenblasenbeschwerden, Gelenkschmerzen, Hexenschuss, Knie- und Fußproblemen, Kopfschmerzen, Augenbeschwerden und Nervosität akupressiert.

Der Herzmeridian (Yin)

Das Stimulieren der Druckpunkte des Herzmeridians wirkt auf alle Beschwerden des Herz-Kreislauf-Systems wie etwa Herzklopfen oder Bluthochdruck. Außerdem kann eine Linderung von psychischen Beschwerden wie Nervosität, Angst oder depressiven Verstimmungen erreicht werden.

Der Herzbeutel wird – obwohl er selbst nicht Yin ist – mit zu den Yin-Organen gezählt, welche die Grundsubstanzen Qi, Blut, Jing, Shen und Körpersäfte produzieren, umwandeln, regulieren und speichern.

Das Konzeptionsgefäß (Yin)

Dieser Sondermeridian beginnt zwischen Genitalien und Anus, steigt nach oben über den Bauch und endet am Kinn. Er ist das Kommunikationsgefäß der Yin-Organe. Konzeptions- und Lenkergefäß stehen miteinander in energetischer Verbindung und schaffen dadurch einen Ausgleich zwischen Yin und Yang.

Der Herzbeutelmeridian (Yin/Yang)

Die Akupressurpunkte dieses Meridians wirken in erster Linie auf die Sexualität und den Kreislauf. Deshalb wird er auch als Kreislauf-Sexualität-Meridian bezeichnet. Zudem finden sie Anwendung bei psychischen Problemen, Herzbeschwerden, Schlaflosigkeit und Nervosität.

Der Lebermeridian (Yin)

Die Leber ist verantwortlich für die gleichmäßig fließenden Bewegungen der Körpersubstanzen und die Regelmäßigkeit der körperlichen Funktionen. Jede Beeinträchtigung der Leberfunktion kann zu einem Stagnieren der Lebensenergie führen.

Eine Stimulierung der Akupressurpunkte dieses Meridians fördert die Verdauung der Nahrung. Die Punkte werden bevorzugt bei Leber- und Gallenblasenbeschwerden, aber auch bei depressiven Verstimmungen, Angst und Erschöpfungszuständen akupressiert.

Das Lenkergefäß (Yang)

Dieser Sondermeridian beginnt am Zahnfleisch, zieht sich den Rücken hinab und endet an der Steißbeinspitze. Das Lenkergefäß steht mit allen Yang-Organen in Verbindung. Alle chronischen, vegetativen und hormonellen Prozesse und Beschwerden können über diesen Meridian behandelt werden.

Der Lungenmeridian (Yin)

Die Lunge gilt aufgrund ihrer Lage im Körper als ein Schutzschirm der Yin-Organe, denn sie bildet quasi einen Schutzdeckel auf der Brusthöhle. In der medizinischen Tradition Chinas wird die Lunge auch als das zarte Organ bezeichnet, weil sie besonders leicht durch schädliche äußere Einflüsse angegriffen werden kann.
Mit der Lunge werden eine Reihe von Körperfunktionen in Zusammenhang gebracht: beispielsweise die Atmung, die Regulierung der Lebensenergie Qi, die Ausscheidungsfunktion der Nieren und der Feuchtigkeitsgehalt der Haut.
Dieser Meridian wirkt insbesondere auf das Atmungssystem und die Haut. Seine Druckpunkte werden deshalb bei Hals-, Nasen- und Ohrenerkrankungen, Erkältungskrankheiten, Lungenentzündung, Bronchitis und Asthma stimuliert, außerdem bei Hautproblemen sowie bei lokalen Gelenkschmerzen.

Der Magenmeridian (Yang)

Magen und Milz sind nach Auffassung der chinesischen Medizin miteinander verbunden und erfüllen wichtige Aufgaben beim Erhalt des Energiegleichgewichts im Organismus. Während der Magen das »Aufsteigende« beherrscht, regiert die Milz über das »Absteigende«.
Dieser Meridian wirkt auf die Verdauung und den Kreislauf, außerdem wirkt er beruhigend auf das Nervensystem. Seine Akupressurpunkte werden bei Magen-Darm-Erkrankungen, Kreislaufbeschwerden und Nervosität angeregt.

Der Milz-Pankreas-Meridian (Yin)

Die Milz ist für die chinesische Medizin ein wichtiges Verdauungsorgan. Zudem hängen die Beweglichkeit und die Kraft der Muskulatur eng mit der Aktivität der Milz zusammen.
Der Meridian wirkt auf das Bindegewebe des ganzen Körpers. Die entsprechenden Punkte finden Anwendung bei allen Magen- und Darmbeschwerden, Muskelerkrankungen, Bindegewebsschwäche und Menstruationsbeschwerden sowie im psychischen Bereich bei depressiven Verstimmungen und Angstzuständen.

Die Nieren regieren Geburt, Entwicklung und Reifung. Die Lebenskraft aller körperlichen Organe hängt wesentlich von der Funktionsfähigkeit der Nieren ab.

Der Nierenmeridian (Yin)

Die Nieren gelten in der chinesischen Heilkunst als »Wurzel des Lebens«, denn sie speichern das Potenzial der Lebensaktivität. Außerdem sind die Nieren zuständig für die Umwandlung des Wassers im Körper.
Dieser Meridian beeinflusst vor allem den menschlichen Stoffwechsel. Die Druckpunkte werden bei Beschwerden des Urogenitalbereichs, bei Menstruationsproblemen und Gelenkerkrankungen akupressiert.

Die chinesische Organuhr

Alle Organe haben ihre Aktiv- und ihre Ruhezeiten. Dieser Biorhythmus wird bei den asiatischen Heilmethoden therapeutisch genutzt.

Der Wechsel von Licht und Dunkelheit, von Tag und Nacht, von Ebbe und Flut, die Jahreszeiten: Die gesamte Natur ist in bestimmte Rhythmen eingebunden, die sich im Lauf eines Jahres oder eines Tages wiederholen. Beispielsweise durchleben die Menschen innerhalb eines Tages viele unterschiedliche Phasen, die sich auf Körper, Geist und Seele verschieden auswirken. Abhängig von der jeweiligen Tageszeit reagiert der Organismus unterschiedlich auf Stress, Schmerzen, Erkrankungen, Nahrung oder Medikamente.

Die verschiedenen Körperfunktionen wie Hormonausschüttung, Kreislauf oder Wärmeentwicklung unterliegen zeitlichen Schwankungen. So sind etwa die Hände und Füße frühmorgens in der Regel gut durchblutet und deshalb am wärmsten. Die Verdauungsorgane arbeiten nachts anders als am Tag.

Auch die Haut hat Phasen unterschiedlicher Aktivität. Es gibt Phasen, in denen die geistige Leistungsfähigkeit erhöht ist, und Phasen, in denen wir besonders viel Ruhe benötigen. Es handelt sich dabei um ganz normale tageszeitliche Veränderungen, die Ausdruck zeitabhängiger Energieschwankungen sind.

Nach den natürlichen Rhythmen leben

Viele dieser biologischen Zyklen wurden inzwischen wissenschaftlich untersucht, etwa die lebenswichtigen Körperfunktionen wie Herzschlag und Atemfrequenz. Von einigen dieser so genannten Biorhythmen weiß man heute, dass sie vererbt werden. Viele Rhythmen unterliegen tageszeitlichen Veränderungen. Manche körperlichen Veränderungen werden auch von klimatischen Bedingungen oder den Lichtverhältnissen der jeweiligen Jahreszeit beeinflusst.

Was heute durch moderne wissenschaftliche Methoden bewiesen ist, war im alten China schon lange bekannt. Chinesische Mediziner wussten bereits vor ungefähr 3000 Jahren, dass die körperliche und geistige Leistungsfähigkeit bestimmten tageszeitlichen Schwankungen unterliegt. Deshalb wurde bei der Behandlung insbesondere auch die vom Biorhythmus abhängige Aktivität der entsprechenden Organe berücksichtigt.

Es gibt Tageszeiten, in denen Sie physisch und geistig leistungsfähiger sind (z. B. zwischen zehn und zwölf Uhr vormittags), und es gibt Phasen, in denen Sie besonders viel Ruhe benötigen.

Zur richtigen Zeit akupressieren

Auch jeder Meridian hat seine aktiven Phasen und seine Ruhezeiten. Der Erfolg der Akupressur lässt sich optimieren, wenn Sie die entsprechenden Zeiten berücksichtigen.

Der Magenbereich etwa hat seine aktivste Phase zwischen acht und zehn Uhr. In dieser Zeit können Sie ihn am erfolgreichsten beruhigen (z.B. bei nervösen Magenbeschwerden). Wollen Sie dieses Organ dagegen anregen (z.B. bei Appetitmangel), dann sollten Sie es nach zehn Uhr behandeln, um die Aktivphase zu verlängern.

Bei allen Behandlungsvorschlägen in diesem Buch sind die optimalen Behandlungszeiten angegeben, wenn dies therapeutisch sinnvoll ist.

Akupressur – Heilen durch Fingerdruck

Die Akupressur ist eine Heilmethode, die auf verschiedene Punkte auf den Meridianen einwirkt, um den Energiefluss im Körper, das Qi, positiv zu beeinflussen.
In China wird die Akupressur seit über 5000 Jahren angewendet. Dies wurde durch archäologische Funde nachgewiesen. Keine zweite Heilmethode kann auf eine ähnlich lange Geschichte und vergleichbare Erfolge zurückblicken. In Europa wurde diese Methode lange mit Skepsis betrachtet und darum äußerst selten angewendet. Auch heute noch fühlen sich viele Patientinnen und Patienten beim ersten Behandlungstermin sehr verunsichert und fragen nach, ob denn die Akupressur überhaupt wirke oder lediglich einen Plazeboeffekt hervorrufe, d. h., dass allein durch den Glauben an die Behandlungsmethode eine Wirkung erzielt wird.

Die Akupunktur ist eine Weiterentwicklung der Akupressur. Durch den Einsatz von Nadeln kann noch gezielter behandelt werden. Diese Heilmethode ist allerdings zur Selbstbehandlung nicht geeignet.

Eine natürliche Heilkunst

Überlieferungen zufolge wurden in Asien verschiedenste Schmerzzustände zunächst an den jeweiligen Stellen durch Reiben mit den Fingerkuppen behandelt. Dies war die Geburtsstunde der Akupressur.
Unbewusst handeln wir alle so, ohne viel über Akupressurtechniken zu wissen. Denken Sie einmal daran, was Sie tun, wenn Sie starke Kopfschmerzen empfinden. Vielleicht drücken Sie mit den Fingern die entsprechende Stelle, an der Schläfe oder an den Augenbrauen. Es gibt viele Beispiele für solche Anwendungen.

Die Wirkung von Akupressur

Mit modernen Messverfahren lassen sich heute einige Wirkungen der Akupressur nachweisen.

Bis heute wurde noch nicht vollständig geklärt, wie die Akupressur genau wirkt. Fest steht, dass die Akupressurpunkte entlang den Meridianen einen höheren Hautwiderstand aufweisen – deshalb können sie durch Messungen nachgewiesen werden. Auch wurde mittels Untersuchungen im Labor und anhand von Aufzeichnungen der Herzreaktionen die Wirksamkeit von Akupressur bewiesen. Aber einen eindeutigen Zusammenhang zwischen solch beobachtbaren Phänomenen und den Heilungserfolgen hat man noch nicht nachgewiesen – am besten ist es, den Erfolg selbst zu spüren.

Die Anregung der Behandlungspunkte mittels Fingerdruck bringt das energetische Gleichgewicht schmerzlos wieder in Harmonie. Da Sie dabei kaum etwas falsch machen können, eignet sich die Akupressur ausgezeichnet zur Selbstbehandlung. Jeder Druckpunkt auf einem Meridian steht mit einem Organsystem in Verbindung. So beeinflusst jede Stimulierung eines solchen Punkts die Yin- und Yang-Energie des Körpers.

Das autonome Nervensystem wird je nach Akupressurrichtung angeregt oder beruhigt. Dadurch kommt es zu einem Ausgleich der Energien, und die gestörte Harmonie wird wiederhergestellt.

Übung macht den Meister: Das Auffinden der Druckpunkte bereitet nur zu Anfang Mühe.

Erfolge bei der Schmerzbehandlung

Es gibt auch Belege dafür, dass durch Akupressur die Bildung von körpereigenen Schmerzmitteln (Endorphinen) angeregt wird, die ebenso stark wie Morphium wirken können.

Fest steht auf jeden Fall, dass die Akupressur wirkt: Durch eine Reizung der Nervenfasern werden Schmerzen gelindert und die Selbstheilungskräfte des Körpers angeregt. Energiedefizite werden ausgeglichen, Energieüberschüsse abgebaut.

Endorphine gehören zu den Neurotransmittern, Botenstoffen, die Informationen zwischen den Nervenzellen weiterleiten.

Die Vorzüge der Akupressur

- Akupressur wirkt anregend auf das System der Blutgefäße, insbesondere auf die Arterien, die sämtliche Organe mit sauerstoffreichem Blut versorgen. Dies hat einen positiven Effekt auf das gesamte Herz-Kreislauf-System.
- Durch Akupressur wird die Funktion der Hormondrüsen angeregt.
- Der Abtransport von gestauter Lymphflüssigkeit und Stoffwechselschlacken wird durch Akupressur verbessert und beschleunigt.
- Akupressur lindert Schmerzen durch die Bildung von körpereigenen Schmerzmitteln – so genannten Endorphinen. Dadurch wird in vielen Fällen die Einnahme von Schmerzmitteln überflüssig.
- Akupressur wirkt auf Körper und Seele allgemein beruhigend und entspannend.
- Die Selbstheilungskräfte des Körpers werden nachhaltig aktiviert.
- Akupressur ist zur Selbstbehandlung bestens geeignet, weil keine Nebenwirkungen zu befürchten sind.

Die Akupressurtechnik

Beim Drücken führen Sie kreisende Bewegungen aus (Abbildung oben), beim Schieben und Ziehen bewegen Sie den Finger in gerader Linie (Abbildung unten).

Im Lauf der Jahrtausende, in denen die Akupressur angewendet wurde, entwickelten sich viele verschiedene Grifftechniken. Zudem hat jeder erfahrene Therapeut seine eigene Akupressurhandschrift.
Sie werden bei längerer Anwendung selbst merken, welche Drucktechnik bei Ihnen am besten wirkt. Es gibt vier gängige Techniken.

Drücken

Die Fingerkuppe des Daumens, des Zeige- oder des Mittelfingers wird ins Zentrum des entsprechenden Akupressurpunkts gelegt, anschließend wird mit kreisenden Bewegungen um den Akupressurpunkt massiert. Bei stärkeren Schmerzen oder wenn Sie noch ungübt sind, können Sie auch mit leichtem Druck massieren.

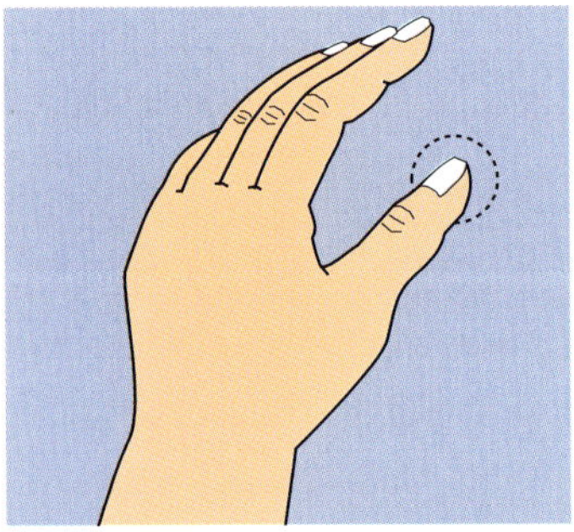

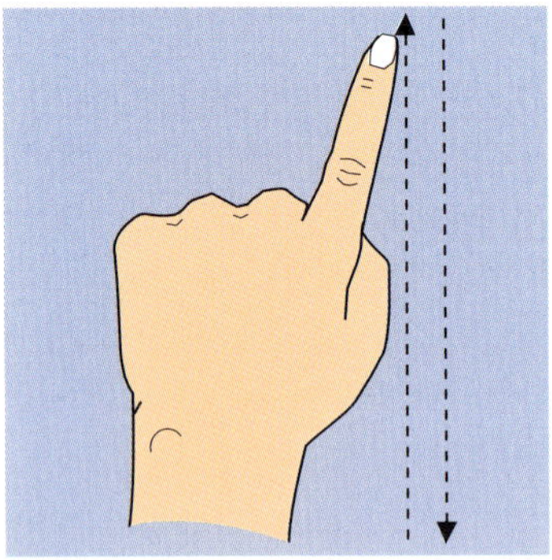

Schieben und Ziehen

Hierbei werden mit dem Zeige- oder Mittelfinger Schiebebewegungen entlang einer Linie oder innerhalb einer Zone ausgeführt. Der massierende Finger sollte dabei gestreckt sein. Diese Technik eignet sich für das Akupressieren größerer Hautbereiche.

Punktieren

Mit der Kuppe von Zeige- oder Mittelfinger werden Klopf- oder Stoßbewegungen auf dem entsprechenden Akupressurpunkt ausgeübt.

Teilen und Vereinigen

Beide Daumenkuppen führen dabei ausgehend vom Druckpunkt schiebende Bewegungen nach außen (Teilen) aus. Umgekehrt kann auch von außen nach innen auf den Druckpunkt zu massiert werden (Vereinigen).

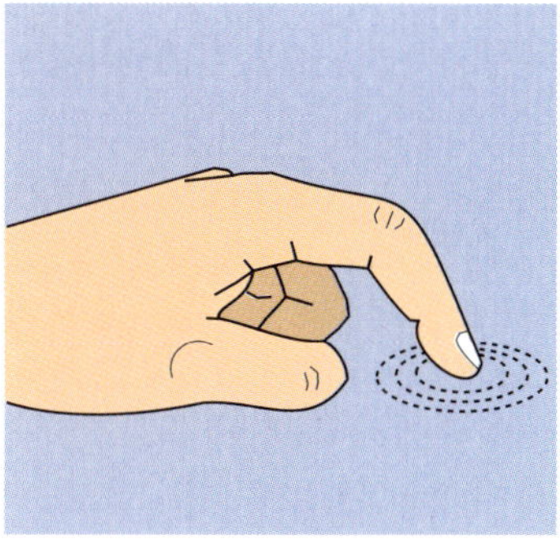

Druckvariationen – Sedieren ...

Um eine bestimmte Körperfunktion zu dämpfen bzw. zu beruhigen (Sedieren), sollten Sie im Uhrzeigersinn von innen nach außen akupressieren (Kreisbewegungen nach rechts).

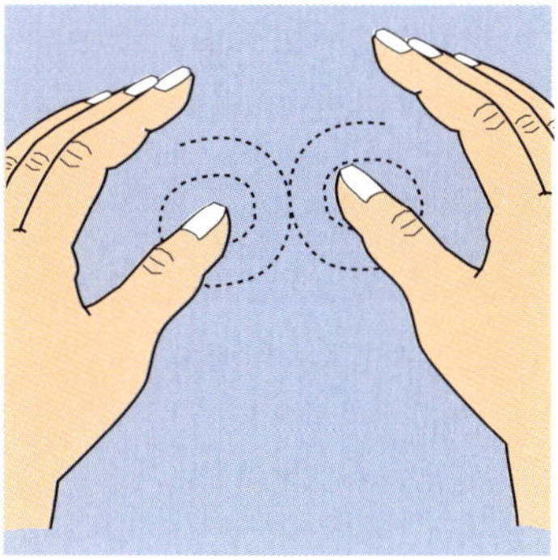

... und Tonisieren

Wenn dagegen eine anregende Wirkung erzielt werden soll (Tonisieren), muss das Akupressieren von außen nach innen erfolgen (Kreisbewegungen nach links).

Punktieren: Leichte Klopfbewegungen mit der Fingerkuppe (Abbildung oben). Beim Sedieren bewegen Sie den Finger im Uhrzeigersinn, beim Tonisieren gegen den Uhrzeigersinn (Abbildung unten).

Dauer der Akupressurbehandlung

Da alle Menschen verschieden sind, wirkt natürlich die Akupressur eines Druckpunkts auch individuell unterschiedlich. Exakte Angaben, wie oft und wie lange behandelt werden sollte, sind daher nicht möglich.
Sie können, je nach Beschwerden, bis zu dreimal täglich akupressieren, jeweils etwa ein bis zehn Minuten lang. Bei Kleinkindern sollten Sie behutsamer sein (höchstens 30 Sekunden lang akupressieren). In der Regel können Sie sich auf die Reaktionen des Körpers verlassen. Sie werden spüren, welche Behandlungsdauer Ihnen gut bekommt.

In welcher Reihenfolge Sie die empfohlenen Druckpunkte akupressieren, liegt bei Ihnen und Ihren Erfahrungen. Am besten machen Sie sich über Ihre Beobachtungen und Eindrücke Notizen.

Was Sie beachten müssen

- Üben Sie einen langsamen, rhythmischen Druck aus, damit das Gewebe und die Organe sich auf die Behandlung einstellen und richtig reagieren können.
- Bei den Druckpunkten am Unterleib sollten Sie sehr vorsichtig akupressieren. Während der Schwangerschaft sollten Sie hier das Akupressieren am besten ganz unterlassen.
- Da die Meridiane, außer dem Konzeptions- und dem Lenkergefäß, paarig angelegt sind, sollten Sie die Hautpunkte gleichzeitig oder nacheinander auf beiden Körperhälften akupressieren.
- Die Bereiche der Lymphdrüsen – die Leiste, der Halsbereich unterhalb der Ohren, die Achselhöhlen in der Nähe der Brust – sind äußerst empfindlich. Sie sollten hier deshalb nur mit sanftem Druck akupressieren.
- Den ersten Monat nach einer Operation sollten Sie die betreffende Stelle nicht akupressieren. Ein sehr vorsichtiges Akupressieren einige Zentimeter von der Operationsnarbe entfernt kann jedoch den Heilungsprozess fördern und beschleunigen. Sprechen Sie im Zweifelsfall mit Ihrem behandelnden Arzt darüber.
- Akupressieren Sie nie an verletzten oder verbrannten Körperstellen! Vermeiden Sie auch das Drücken an Geschwüren und Pickeln.
- Jede Akupressur – insbesondere die der etwas schwerer zugänglichen Rückenpunkte – können Sie selbstverständlich auch im Rahmen einer Partnerbehandlung durchführen. Dabei sollten Sie jedoch beachten, dass Empfehlungen über Lokalisationen, wie beispielsweise »einen Fingerbreit«, sich immer auf die Körpermaße des Patienten beziehen.

Selbstbehandlung mit Akupressur

Um die Vorteile dieser alten chinesischen Heilmethode voll auszuschöpfen, sollten Sie die folgenden Regeln und Empfehlungen berücksichtigen:

▶ Lassen Sie sich Zeit! Akupressieren Sie nie unter Zeitdruck, denn die wohltuende und entspannende Wirkung dieser Heilbehandlung kann sich nur in einer angenehmen Atmosphäre richtig entfalten.

▶ Sorgen Sie dafür, dass Sie nicht gestört werden können; stellen Sie Klingel und Telefon ab oder zumindest leise.

▶ Wählen Sie eine Position im Liegen oder im Sitzen, je nachdem, wie Sie sich wohler fühlen bzw. welche Körperbereiche Sie behandeln wollen.

▶ Wenden Sie die Bauchatmung an: Beim Einatmen durch die Nase dehnt sich der Bauch – Atem kurz anhalten – beim Ausatmen hebt sich das Zwerchfell.

▶ Leise und beruhigende Meditations- oder Entspannungsmusik kann unterstützend wirken.

▶ Trinken Sie vor der Behandlung keinen Alkohol.

▶ Die Hände sollten warm und die Fingernägel nicht zu lang sein.

▶ Die Dauer der gesamten Behandlung sollte eine halbe Stunde nicht überschreiten.

▶ Brechen Sie die Selbstbehandlung ab, wenn dabei Schmerzen auftreten sollten.

▶ Bei akuten Beschwerden können Sie die Akupressur bis zu dreimal täglich anwenden.

▶ Bei chronischen Beschwerden sollten Sie täglich einmal (höchstens eine halbe Stunde lang) akupressieren.

▶ Alle in diesem Buch erwähnten Akupressurpunkte wurden so ausgewählt, dass sie leicht auffindbar und auch einfach allein zu behandeln sind.

Akupressieren Sie nie unmittelbar vor einer Hauptmahlzeit oder mit vollem Magen. Nach einer leichten Mahlzeit sollten Sie etwa eine Stunde, nach einer üppigen Speise mindestens zwei Stunden warten, bevor Sie mit der Behandlung beginnen.

Die Grenzen der Akupressur

Die Akupressur ist kein Allheilmittel gegen jegliche Krankheit. Auch diese bewährte chinesische Heilmethode hat ihre Grenzen.

▶ Beachten Sie deshalb, dass eine Selbstbehandlung auf keinen Fall medizinisch notwendige Therapien und Eingriffe ersetzen kann.

▶ Eine Selbstbehandlung darf nicht bei schweren Herz- und Kreislauferkrankungen durchgeführt werden. Außerdem sollten Sie das Akupressieren auch bei allen entzündlichen Krankheiten unterlassen.

▶ Achten Sie darauf, dass Sie keine Hautbereiche mit Akne, Allergien, Eiterungen, offenen Wunden oder Pilzinfektionen akupressieren, weil dabei Übertragungs- und Ansteckungsgefahr besteht.

Etwas Zeit sollten Sie sich schon gönnen. Vor allem wenn es um die Behandlung von nervösen Beschwerden geht, sind Erfolge meist nicht sofort bemerkbar.

Unsicherheiten ernst nehmen

Seien Sie generell immer vorsichtig, wenn Sie sich unsicher fühlen oder unvorhergesehene Situationen entstehen. Auch während der Schwangerschaft dürfen einige Punkte nicht akupressiert werden. Fragen Sie in Zweifelsfällen immer einen erfahrenen Arzt oder einen erfahrenen Therapeuten um Rat.

Mehr Zeit für die Nerven

Akupressur wirkt auf das autonome Nervensystem regulierend und ist somit gut bei Angstzuständen anwendbar, egal ob bei akuten oder chronischen Ängsten. Haben Sie Geduld bei der Behandlung, und rechnen Sie mit einem Zeitraum von drei bis vier Wochen, um ein Behandlungsergebnis zu erzielen bzw. eine Besserung der körperlichen Symptome zu erreichen.

Akupunktur

Die Akupressur wurde im Lauf der Zeit weiterentwickelt. Es gibt mehr als 2000 Jahre alte Schriften, die belegen, wie in China mit Bambus- oder Knochenstäbchen erkrankte Menschen geheilt wurden. Wann genau man damit begann, den Druck, der zuerst nur durch die Fingerspitzen ausgeübt wurde, durch den Einsatz von Werkzeugen stärker und vor allem präziser zu machen, ist nicht bekannt.

Von der Akupressur zur Akupunktur

Sicher ist jedoch, dass die Ärzte irgendwann dazu übergingen, die Punkte, die bisher nur gedrückt wurden, anzustechen, um die Heilwirkung zu verstärken. Nach und nach entwickelte man spezielle Akupunkturnadeln, die in die Haut gestochen werden und dort eine gewisse Zeit verbleiben. Dieser Vorgang ist im Allgemeinen schmerzfrei, wenn er von einem erfahrenen Therapeuten ausgeführt wird.

Dieselbe Philosophie

Sowohl die Akupunktur als auch die Akupressur wirken auf bestimmte Punkte an den Meridianen. Beide Behandlungsmethoden beeinflussen so, wenn auch auf unterschiedliche Weise, den Strom der Lebensenergie – das Qi. Energieblockaden können gelöst oder überschüssige Energie abgeleitet werden.

Akupunktur zur Narkose

Dass die Akupunktur sogar bei operativen Eingriffen zur Lokalanästhesie (örtliche Narkose) angewendet wird, ist in Asien eine Selbstverständlichkeit. Die große Popularität von Akupunktur und Akupressur hängt hierbei sehr stark vom kulturellen, religiösen und philosophischen Selbstverständnis der Menschen und ihrer sozialen Umwelt ab.

Vorsicht vor unsachgemäßer Anwendung

Die Akupunktur sollte auf keinen Fall als Selbstbehandlung ausgeführt werden. Durch unsachgemäße Anwendung kann es zu gefährlichen Erkrankungen kommen. Akupressur hingegen können Sie mit gutem Gewissen zur Selbstbehandlung anwenden, wenn Sie einige Grundregeln beachten.

Den richtigen Punkt finden

Es gibt heute batteriebetriebene Druckpunktsuchgeräte, die in dieser Angelegenheit entsprechende Dienste leisten können. Es geht aber auch wesentlich einfacher und preisgünstiger. Denken Sie daran, dass den alten Chinesen vor tausenden von Jahren auch keine Geräte zur Verfügung standen. Machen Sie es doch so, wie in der traditionellen chinesischen Heilkunst vorgegangen wird:

Die Kürzel, die die Lage eines Akupressurpunkts bezeichnen (z. B. DI 4), sind Standardbezeichnungen, die von fast allen professionellen Akupressurtherapeuten verwendet werden.

- ▶ Tasten Sie vorsichtig und mit viel Gefühl den Hautbereich ab, wo sich der gesuchte Punkt befinden sollte.
- ▶ Es gibt eine ganz bestimmte Stelle, die etwas tastempfindlicher ist als ihre Umgebung. Mit etwas Erfahrung werden Sie hier eine kleine Vertiefung spüren.
- ▶ Damit Sie sich diesen Punkt besser einprägen können, empfiehlt es sich für den Anfang, ihn mit einem Filzstift zu markieren.

Die Suche nach Hegu

Zum Üben suchen Sie am besten gleich den Punkt DI 4 (»DI« steht für Dickdarmmeridian, »4« bedeutet der vierte Punkt auf diesem Meridian). Dieser Druckpunkt mit dem poetischen Namen Hegu (»Verbindung mit dem Tal«) ist so empfindlich, dass Sie sofort spüren, wenn Sie Ihn gefunden haben.

- Pressen Sie den Daumen an den ausgestreckten Zeigefinger. Dadurch bildet sich eine Muskelwölbung auf dem Handrücken.
- Unter dem höchsten Punkt dieser Wölbung oder in unmittelbarer Nähe davon befindet sich DI 4.
- Wenn Sie diesen Punkt abtasten, werden Sie bemerken, dass er deutlich empfindlicher ist als die ihn umgebenden Hautbereiche.

Behandlungsvorschläge

Auf den Seiten 34 bis 103 finden Sie eine Beschreibung von über 40 Alltagsbeschwerden und Anregungen, wie Sie diese mit Akupressur behandeln können. Zur besseren Übersicht sind die Beschwerden in alphabetischer Reihenfolge aufgeführt.

Bei jeder Beschwerde werden zunächst die Symptome und Ursachen kurz erläutert. Im Anschluss daran sind die einzelnen Akupressurpunkte mit ihrem chinesischen Namen und ihrer Zuordnung zu den Meridianen dargestellt. Ausgewählt wurden vor allem Punkte, die sich in der Praxis bewährt haben, die leicht zugänglich und auch von Laien ohne größere Probleme zu finden sind.

Meistens spüren Sie selbst, ob Sie den richtigen Akupressurpunkt gefunden haben.

Punktsuche leicht gemacht

Bei jeder Beschreibung einer Akupressurbehandlung sind eine oder mehrere Detailzeichnungen beigefügt, die Ihnen genau zeigen, wo Sie ansetzen müssen. Teilweise finden Sie auch Angaben zur Grifftechnik, zur Druckintensität und zur Behandlungsdauer.

Wenn Sie sich nicht ganz sicher sind, dann halten Sie sich nicht sklavisch an die Zeichnungen, sondern versuchen Sie, sich an den richtigen Punkt heranzutasten.

Nur nichts erzwingen: Unterbrechen Sie die Behandlung, wenn beim Akupressieren Schmerzen auftreten.

Alltagsbeschwerden selbst behandeln

Akupressur hilft nicht nur dabei, die Körperenergien zu harmonisieren, das allgemeine Wohlbefinden zu fördern und dadurch die Gesundheit zu erhalten. Die traditionelle chinesische Heilmethode bietet auch bei vielen Beschwerden und Erkrankungen eine wirksame Hilfe. Von Allergien über Migräne bis hin zu Zahnschmerzen gibt es kaum eine Beschwerde, bei der die Akupressur die aus dem Gleichgewicht geratene körperliche, geistige und seelische Verfassung nicht wieder ins Lot bringen könnte. Die unangenehmen Begleiterscheinungen der Erkrankung werden spürbar gelindert und oft auch gänzlich beseitigt.
In diesem Kapitel werden in einfach nachvollziehbaren Schritten Akupressurbehandlungen vorgestellt, die Sie ohne jedes Hilfsmittel in fast allen Situationen bei sich selbst anwenden können.

Akupressur – die ideale Ergänzungstherapie

Die Akupressur hilft nicht generell bei jedem gesundheitlichen Problem, nicht zu jedem Zeitpunkt und nicht bei jedem Menschen. Die Empfehlungen in diesem Buch sollen deshalb auch nicht die individuelle ärztliche Untersuchung, Beratung und Behandlung – die bei vielen Erkrankungen unbedingt erforderlich sind – ersetzen, sondern sie dienen vor allem dazu, ärztliche Therapien sinnvoll zu ergänzen und zu unterstützen. Bei ernsten Erkrankungen sollten Sie auch immer Ihren behandelnden Arzt oder Ihre Therapeutin über das Vorhaben informieren, Akupressur als unterstützende Maßnahme einzusetzen.

Sehr selten treten in der Folge einer Behandlung mit Akupressur Befindlichkeitsstörungen auf. Wenn dies bei Ihnen der Fall sein sollte, dann hören Sie bitte umgehend mit dem Akupressieren auf.

Akne

Akne gehört zu den am häufigsten auftretenden Hauterkrankungen. Sie beginnt in der Regel vor der Pubertät im Kindesalter. Ihren Höhepunkt erreicht die Erkrankung meist während der Pubertät, um dann im frühen Erwachsenenalter langsam abzuklingen. Oft besteht aber Akne bis ins höhere Lebensalter weiter. Sie ist für die Betroffenen meist mit erheblichen psychischen Belastungen verbunden.

Wenn Sie eine fettige Haut haben, die zur Aknebildung neigt, sollten Sie stark fetthaltige Kosmetikprodukte meiden. Waschen Sie sich mit pH-neutralen Seifen oder Lotionen.

Eine wichtige Rolle bei der Entstehung von Akne spielt eine Verhornungsstörung in den Talgdrüsen, die sich in Form von Mitessern (Komedonen) ausdrückt. Mit dem Eintritt der Pubertät kommt es aufgrund der hormonellen Umstellung zu einer Steigerung der Talgproduktion. Deshalb verschlimmert sich die Akne in dieser Zeit in den meisten Fällen. Die Haut der von Akne Betroffenen erscheint wegen der weiten Talgdrüsenöffnungen fettig und glänzend.

Verschiedene Akneformen

Aufgrund der äußerlichen Hauterscheinungen lassen sich grob drei Akneformen unterscheiden:

- Bei der leichtesten Form von Akne (Acne comedonica) finden sich auf der Haut (im Gesicht, auf Schultern, Brust, Rücken und den Außenseiten der Oberarme) geschlossene und offene Mitesser (Komedonen).
- Die am häufigsten anzutreffende Form von Akne geht mit geröteten Knötchen (Papeln) und Eiterpickeln (Pusteln) einher. Meist treten Mitesser, Knötchen und Pickel nebeneinander in Erscheinung.
- Bei der schwersten bekannten Form von Akne (Acne conglobata) entstehen entzündliche Knoten, die im weiteren Verlauf der Erkrankung zur Vernarbung neigen.

Akupressur bei Akne

DI 2 – Erjian

Der Punkt befindet sich am 2. Fingerglied des Zeigefingers (auf dem Handrücken).

DI 3 – Sonjian

Dieser Punkt befindet sich im Grübchen am Ende des 3. Fingerglieds des Zeigefingers, das sich bildet, wenn Sie den Daumen abspreizen.

DI 4 – Hegu

Pressen Sie Ihren Daumen an den ausgestreckten Zeigefinger; dadurch bildet sich eine Muskelwölbung auf dem Handrücken. An der höchsten Stelle dieser Erhebung liegt der Punkt DI 4.

LU 7 – Lieque

Den Punkt finden Sie innen am Unterarm, ungefähr 3 Finger breit vom Daumengelenk entfernt zwischen Elle und Speiche.

Bei einer starken Akne sollten Sie sich unbedingt ärztlich untersuchen lassen; es könnte auch eine schwere Erkrankung dahinterstecken.

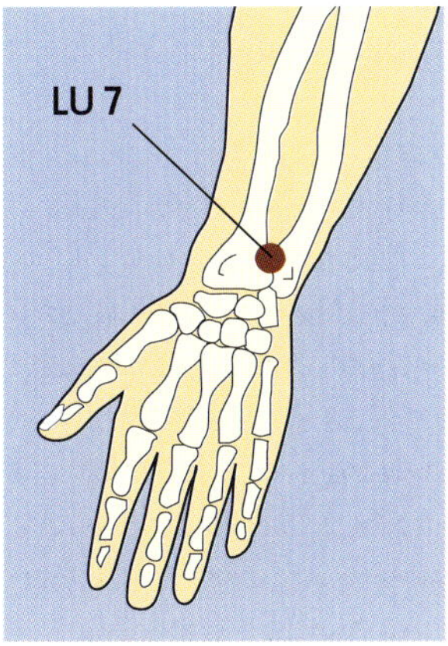

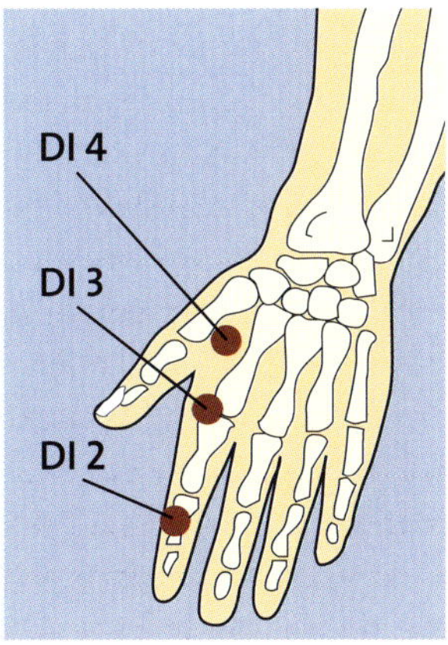

Günstigste Behandlungszeit: am Morgen von 5 bis 9 Uhr

Allergien

Allergien sind eine häufige Ursache für Berufsunfähigkeit. Bestimmte Berufsgruppen (z. B. medizinisches Personal, Reinigungspersonal und Beschäftigte in Metallberufen) sind dabei besonders gefährdet.

Mit Allergien haben heute immer mehr Menschen zu kämpfen. Dafür sind vor allem die vielen Umweltgifte, die das Immunsystem irritieren können, aber auch pflanzliche Substanzen wie Blütenpollen verantwortlich. Es gibt sehr viele unterschiedliche Allergien. Eine besonders häufig auftretende Form ist die Kontaktallergie. Es sind hierbei Hautbereiche betroffen, die mit den allergieauslösenden Stoffen (Allergenen) in Verbindung gekommen sind. Diese Stoffe befinden sich beispielsweise in Kosmetika, Salben, Medikamenten, Wasch- und Reinigungsmitteln oder in Konservierungsstoffen.

Eine andere Möglichkeit, eine Hautallergie zu bekommen, ist durch die Ernährung gegeben. Das bekannteste Beispiel ist die allergische Reaktion infolge des Genusses von frischen Erdbeeren. Auch andere natürliche Substanzen wie Blütenpollen und Gräser, bestimmte Eiweißarten in Lebensmitteln oder die Zusammensetzung bestimmter Medikamente können Hautallergien auslösen.

Hautallergien sind in der Regel durch gerötete Hautbereiche gekennzeichnet, die eine meist leichte Schwellung aufweisen. Im Verlauf der allergischen Reaktion entwickeln sich nässende und juckende Quaddeln, die oft schubweise auftreten und dann wieder verschwinden. Wenn eine hohe Sensibilität gegen die allergene Substanz besteht, kann sich der Ausschlag auch an Körperstellen zeigen, die nicht direkt mit dem auslösenden Stoff in Kontakt gekommen sind.

Allergien können zudem psychisch oder erblich bedingt sein. Bei einem Verdacht auf eine Allergie sollten Sie sich unbedingt ärztlich untersuchen und einen Allergietest machen lassen.

Akupressur bei Allergien

DI 3 – Sonjian
Dieser Punkt befindet sich im Grübchen am Ende des 3. Fingerglieds des Zeigefingers, das sich bildet, wenn Sie den Daumen abspreizen.

DI 4 – Hegu
Pressen Sie Ihren Daumen an den ausgestreckten Zeigefinger; dadurch bildet sich eine Muskelwölbung auf dem Handrücken. An der höchsten Stelle dieser Erhebung liegt der Punkt DI 4 (»Verbindung mit dem Tal«).

LU 7 – Lieque
Den Punkt finden Sie innen am Unterarm, etwa 3 Finger breit vom Daumengelenk entfernt zwischen Elle und Speiche.

LU 9 – Taiyuan
Der Punkt befindet sich am äußeren Ende der Handgelenksfalte, direkt unterhalb des Daumengelenks.

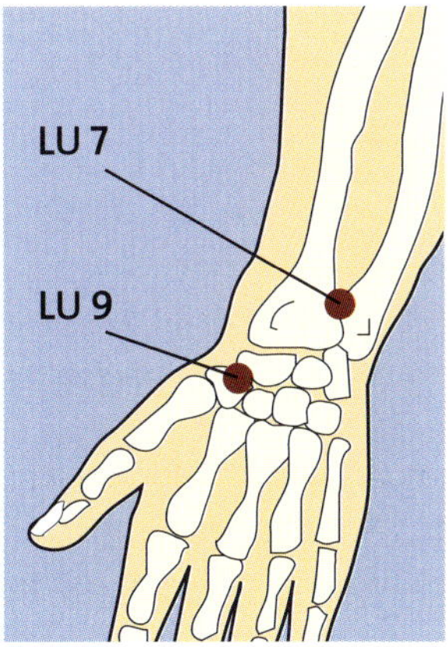

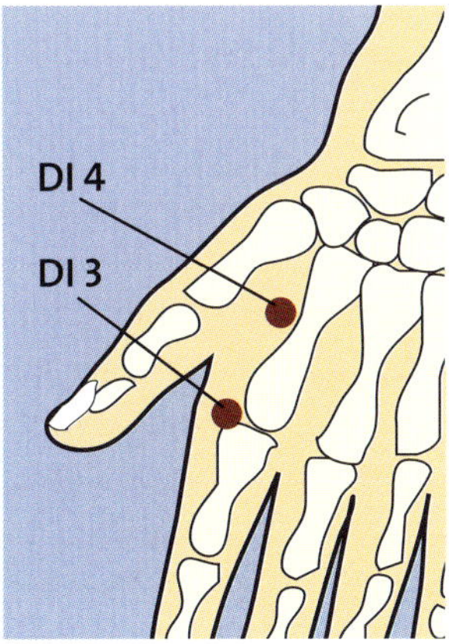

Mit Akupressur können Sie den Heilungsprozess bei allergischen Reaktionen sinnvoll beschleunigen und unterstützen.

Günstigste Behandlungszeit: frühmorgens bis 7 Uhr

Angstzustände

Angstzustände unterschiedlicher Art und Intensität kommen sehr häufig vor. Die Symptome der Angst sind Abgeschlagenheit, Antriebslosigkeit, Unruhe, Schlaflosigkeit oder auch übertriebene Hektik sowie Aggressivität. Es kann auch zu regelrechten Panikattacken kommen. Die Furcht vor einem erneuten Angstanfall führt oft in einen Teufelskreis.

Chronische Ängste, so genannte Phobien, bei denen die Ursachen von den Betroffenen nicht selbst ermittelt werden können, gehören in therapeutische Behandlung.

Im körperlichen Bereich kommen Angstzustände durch Blutdruckstörungen, Schwindel, Atemnot oder durch krampfartige Schmerzen hinter dem Brustbein zum Ausdruck. Appetitlosigkeit und Durchfall, Zittern, kalte Hände oder Schwitzen können abwechselnd auftreten.

Ursachen klären

Sie sollten immer zuerst klären, welche Ursachen die Angstzustände bei Ihnen hervorgerufen haben, um sie dann gezielter behandeln zu können. Sehr lange andauernde Angstzustände können zu ernsten körperlichen Erkrankungen führen.

Möglichkeiten und Grenzen der Akupressur

Der Erfolg von Akupressur gegen Angstzustände stellt sich nicht über Nacht ein. Sie sollten deshalb die empfohlenen Behandlungen täglich über mindestens drei Wochen durchführen und währenddessen Ihre Reaktionen ständig beobachten.
Zur Selbstbehandlung eignen sich aber nur leichte Formen von Angstzuständen, deren Ursache bekannt ist.
In schweren Fällen, beispielsweise bei Platzangst oder Verfolgungsängsten, sollten Sie möglichst frühzeitig therapeutische Hilfe in Anspruch nehmen.

Akupressur bei Angstzuständen

H 5 – Tongli
Der Punkt befindet sich an der Innenseite des Unterarms; vom Handgelenk aus ist er (Richtung Ellbogen) etwa 1 Hand breit entfernt.

H 7 – Shenmen
Der Druckpunkt (»Tor des Geistes«) befindet sich in der Handgelenksfalte, etwas unterhalb von deren Mitte.

H 9 – Shaochong
Diesen Punkt finden Sie direkt am Nagelfalz des kleinen Fingers (Abbildung siehe Seite 41).

Akupressurpunkte am Ohr
Die beiden Druckpunkte am Ohr finden Sie auf der Abbildung unten rechts. Nehmen Sie Ihr rechtes Ohr, und massieren Sie die beiden Punkte jeweils rechtskreisend.

Sie sollten bei Angstzuständen auch Ihre Lebensweise überdenken. Sorgen Sie für genügend Bewegung an der frischen Luft. Auch bestimmte Atemübungen haben eine beruhigende und ausgleichende Wirkung.

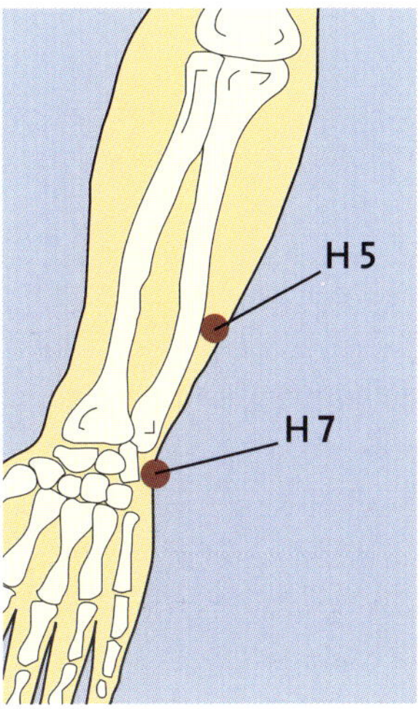

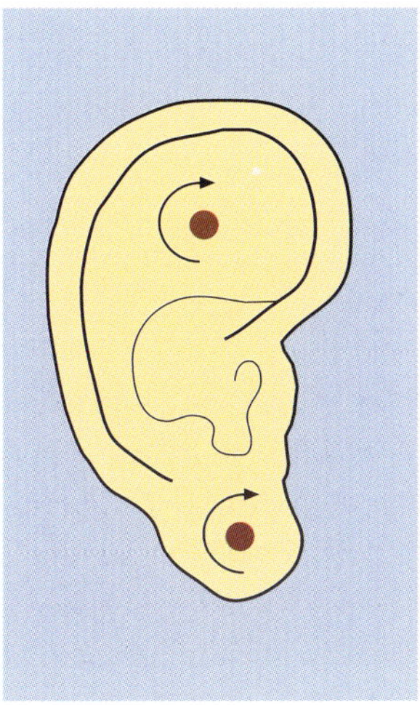

Günstigste Behandlungszeit: mittags von 11 bis 13 Uhr

Appetitlosigkeit

In den allermeisten Fällen sind die Ursachen von Appetitlosigkeit im psychischen Bereich zu finden. Übermäßige Anspannung und Stress im Beruf sowie Sorgen und Probleme im privaten Bereich können Auslöser für mangelnden Appetit sein. Bei Kindern kann ein von den Eltern ausgeübter Zwang zum Essen zu einer ausgesprochenen Essensverweigerung führen. Bei Jugendlichen in der Pubertät wirkt vielleicht der erste große Liebesschmerz als Appetitzügler.

Jedoch können auch eine einseitige oder unregelmäßige Ernährung sowie der Genuss von Süßigkeiten und großen Mengen von gesüßten Getränken – diese halten den Blutzuckerspiegel hoch – den Appetit verderben. Wenn die Kaumuskeln ständig in Bewegung sind und der Speichelfluss angeregt wird (z. B. beim Kaugummikauen), kann sich der Appetit ebenfalls verringern.

Organische Gründe für einen Appetitmangel können beispielsweise fiebrige Erkrankungen, Infektionskrankheiten, eine ungenügende Magensaftproduktion, Magen-Darm-Störungen oder auch körperliche Erschöpfungszustände sein.

Vorsicht bei Magersucht! Magersucht ist eine sehr ernst zu nehmende Krankheit, die in extremen Fällen zum Tod der Betroffenen führen kann. Hier ist dringend therapeutische Hilfe angeraten.

Die Wirkung der Akupressur

Akupressur kann vor allem bei einem mangelnden Appetit, dessen Ursachen im seelischen Bereich liegen, helfen. Akupressieren Sie die angegebenen Druckpunkte jeweils etwa eine halbe Stunde vor den Mahlzeiten. Wenn sich Ihre Lust aufs Essen nicht innerhalb von zwei Wochen bessert, sollten Sie auf jeden Fall einen Arzt zurate ziehen. Hinter Ihrem Appetitmangel könnte sich nämlich eine ernstere Erkrankung wie beispielsweise Magersucht verbergen.

Akupressur bei Appetitlosigkeit

H 9 – Shaochong
Diesen Punkt finden Sie am Nagelfalz des kleinen Fingers. Er ist der 9. Punkt des Herzmeridians. Die Punkte des Herzmeridians wirken vor allem auf den seelischen Bereich.

KS 6 – Neiguan
Dieser Druckpunkt befindet sich an der Innenseite des Unterarms, etwa 3 Finger breit von der Handgelenksfalte entfernt.

M 36 – Zusanli
Dieser Druckpunkt wird auch als Dreimeilenpunkt bezeichnet, er befindet sich unterhalb der Kniescheibe außen am Schienbein. Er verbessert den Energiefluss in allen Meridianen und wirkt sich günstig auf die Verdauung sowie auf das Immunsystem aus.

Eine Gefahr bei Appetitlosigkeit besteht in der mangelnden Versorgung des Körpers mit lebenswichtigen Nährstoffen, Vitaminen und Mineralien. Dies betrifft besonders ältere Menschen.

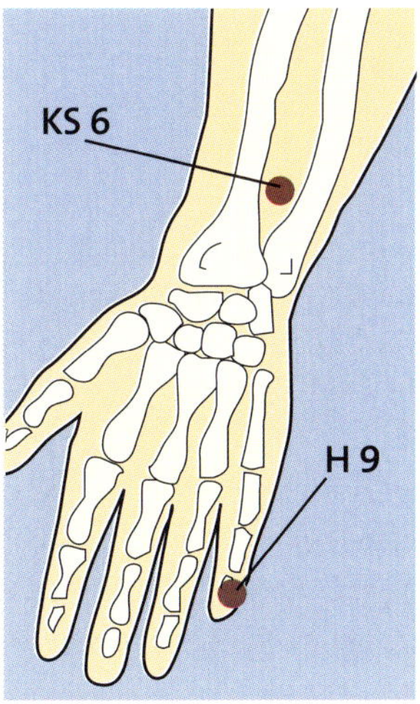

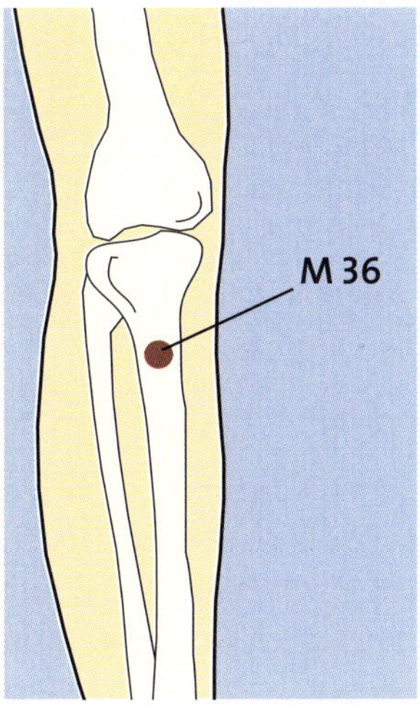

Behandlungszeiten: vormittags von 9 bis 11 Uhr, nachmittags von 13 bis 15 Uhr und am Abend von 21 bis 23 Uhr

Arthritis, rheumatoide

Chronische Arthritis ist eine der häufigsten Gelenkkrankheiten und oft der Grund für eine frühzeitige Invalidität. Insgesamt sind etwa zwei Prozent der Bevölkerung davon betroffen.

Typische Symptome für diese rheumatische Erkrankung sind im Anfangsstadium das morgendliche Steifheitsgefühl in den Finger- und Handgelenken, kalte, feuchte Hände, Appetitlosigkeit und Störungen des Allgemeinbefindens. Später treten dann schmerzhafte Schwellungen, rheumatoide Knoten und knorpelige Verformungen nicht nur an den Finger- und Handgelenken auf, sondern auch an den Gelenken von Knie, Hüfte, Fuß, Ellbogen und Schultern.

Die Ursache dieser meist chronischen Gelenkentzündungen ist bis heute noch nicht sicher geklärt. Es wird eine Störung des Immunsystems vermutet. Für diese Annahme sprechen das vermehrte Auftreten von Abwehrzellen im erkrankten Gewebe und der Nachweis von bestimmten Antikörpern, den so genannten Rheumafaktoren, im Blut.

So wirkt Akupressur

Akupressur kann positiv auf die arthritischen Schmerzen und Bewegungseinschränkungen einwirken und das Fortschreiten dieser Erkrankung verlangsamen. Wenn Sie die vorgeschlagenen Druckpunkte akupressieren, am besten täglich, verbessert sich auch die Durchblutung, was wiederum den Entzündungen entgegenwirkt und die Beweglichkeit der Gelenke verbessert.

Akupressur zur Unterstützung

Bei rheumatischen Erkrankungen sollten Sie sich immer in ärztliche Behandlung begeben. Von großer Wichtigkeit sind dabei auch Krankengymnastik und Wärmeanwendungen. Die Akupressurbehandlung ist als unterstützende Therapie zu verstehen.

Akupressur bei Kniebeschwerden

M 35 – Dubi

Dieser Punkt befindet sich an der Außenseite des Kniegelenks.

M 36 – Zusanli

Der »Dreimeilenpunkt« befindet sich unterhalb der Kniescheibe außen am Schienbein. Er verbessert den Energiefluss und lindert die Ermüdungserscheinungen, die aus den arthritischen Schmerzen resultieren.

Auch Wärmeanwendungen, insbesondere Moorbäder, lindern rheumatische Schmerzen und fördern die Durchblutung der Gelenke.

Akupressur bei Schulterschmerzen

DÜ 11 – Jianyu

Der Druckpunkt befindet sich auf der Höhe des 4. Brustwirbels am Schulterblatt.

DI 15 – Tianzong

Dieser Punkt befindet sich am äußeren Schulterrand.

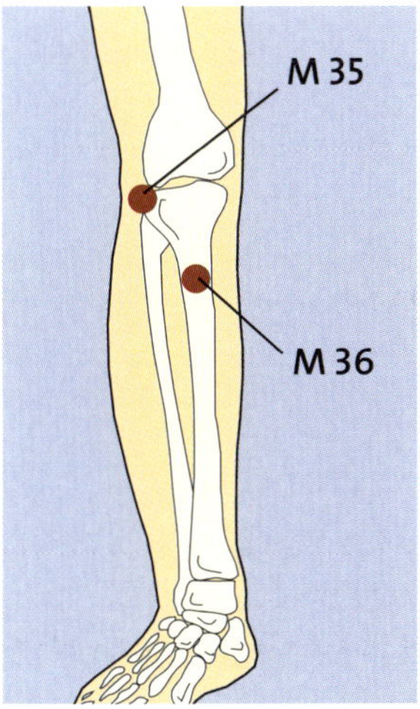

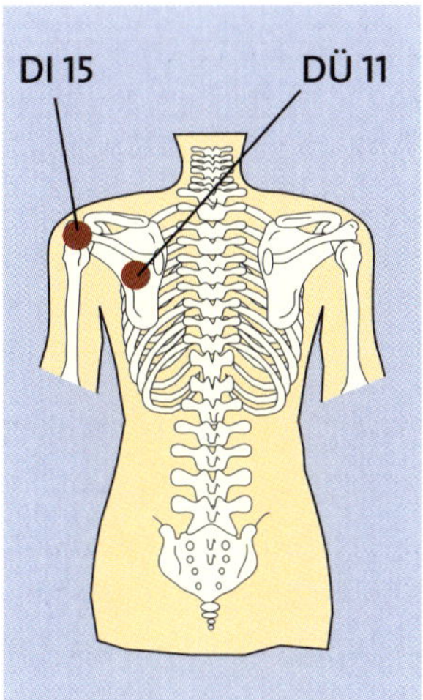

Günstigste Behandlungszeiten: morgens bis 9 Uhr und nachmittags von 13 bis 15 Uhr

Asthma

Die typischen Beschwerden bei einem Asthmaanfall sind Atemnot, Beklemmungsgefühle und Angstzustände. Es ist für einen Asthmaanfall charakteristisch, dass nicht so sehr das Einatmen als vielmehr das Ausatmen stark beeinträchtigt ist und Probleme bereitet. Beim so genannten nervösen Asthma hat der Betroffene dagegen das Gefühl, nicht richtig durchatmen zu können. Häufig tritt ein Asthmaanfall unerwartet auf, oft gehen aber auch bestimmten Vorboten wie ein Reizgefühl im Kehlkopf oder Beklemmungsgefühle voraus.

Eine Studie des Akupressurinstituts Berkeley, Kalifornien, hat ergeben, dass sich bei vier von fünf Asthmapatienten die so genannte vitale Lungenkapazität nach einer 20-minütigen Akupressurbehandlung deutlich verbesserte.

Bronchialasthma wird durch eine krampfartige Verengung der Bronchien bei gleichzeitiger Schwellung der Bronchialschleimhaut verursacht.

Bei vielen Asthmatikern besteht eine Veranlagung zu dieser Krankheit. Die Entstehung von Asthma ist sehr häufig allergisch bedingt. Die Anfälle können durch bestimmte Pflanzen, Tierhaare, Nahrungsmittel oder chemische Substanzen ausgelöst werden. Weitere Ursachen sind ein geschwächtes Immunsystem durch nicht ausgeheilte Infekte und psychische Probleme wie Stress, Angstzustände oder ungelöste Konflikte.

So hilft Akupressur

Vor allem wenn psychische Probleme beim Asthma eine Rolle spielen, kann die Akupressur als unterstützende Therapie helfen. Sie fördert die Fähigkeit, sich zu öffnen und sich mit Problemen auseinanderzusetzen. Außerdem sorgt Akupressur dafür, dass sich die Atemwege durch die Entspannung der Muskulatur in den Bronchien wieder öffnen und entkrampfen.

Akupressieren Sie die vorgeschlagenen Punkte mindestens ein bis zwei Minuten lang mit mäßigem Druck.

Akupressur bei Asthma

DI 4 – Hegu
Pressen Sie Ihren Daumen an den ausgestreckten Zeigefinger; dadurch bildet sich eine Muskelwölbung auf dem Handrücken. Auf dieser Erhebung liegt der Druckpunkt.

LU 6 – Kongzui
Diesen Druckpunkt finden Sie an der Innenseite des Unterarms, etwa 7 Finger breit über der Handgelenksfalte.

LU 7 – Lieque
Den Punkt finden Sie innen am Unterarm, etwa 3 Finger breit vom Daumengelenk entfernt zwischen Elle und Speiche.

KS 6 – Neiguan
Dieser Punkt befindet sich an der Innenseite des Unterarms, etwa 3 Finger breit von der Handgelenksfalte entfernt.

Das Einatmen von salzreicher Luft in Solebädern oder an der Nordseeküste bewirkt oft eine Umstimmung bei Asthmatikern und dadurch eine Verminderung der Anfallsneigung.

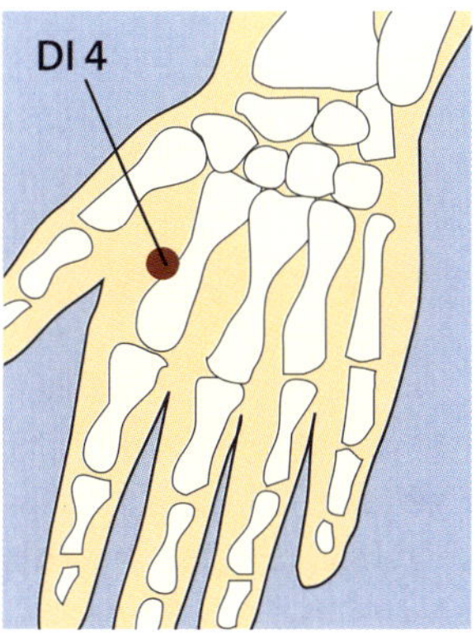

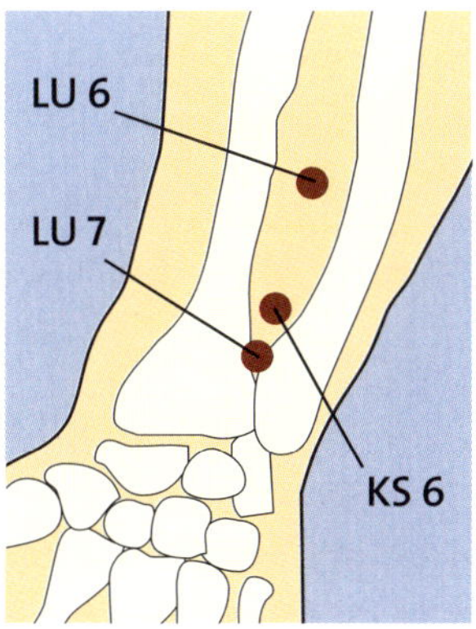

Günstigste Behandlungszeit: abends von 19 bis 21 Uhr

Bauchschmerzen

Probieren Sie, wenn Sie Bauchschmerzen haben, einmal Fencheltee! Dieser Tee ist ein altbewährtes und bekömmliches Heilmittel.

Bauchschmerzen können von einem leichten Druckgefühl bis hin zu starken, krampfartigen Schmerzen reichen. Ursache des Bauchwehs ist meist eine akute Magenreizung. Diese kann durch verdorbene Lebensmittel, zu viel, zu kaltes oder zu schnelles Essen, Aufregung, Stress oder andere psychische Überlastungen hervorgerufen werden.
Normalerweise liegen den Bauchschmerzen keine schweren organischen Krankheiten zugrunde. Wenn sich Ihre Schmerzen jedoch deutlich verschlimmern sollten und vor allem wenn sie mit Schüttelfrost, Erbrechen und Pulsrasen einhergehen, müssen Sie unverzüglich einen Arzt aufsuchen oder im Zweifelsfall den Notarzt anrufen. Es könnte sich in einem solchen Fall um die Symptome einer schweren Erkrankung – etwa einer Blinddarmentzündung oder eines so genannten akuten Bauchs – handeln.

So akupressieren Sie richtig

Akupressieren Sie die im Folgenden vorgeschlagenen Punkte etwa jeweils zwei bis drei Minuten lang mit leichtem bis mäßigem Druck. Insgesamt sollten Sie nicht länger als 20 Minuten akupressieren.

Akupressur bei Bauchschmerzen

Die folgenden Druckpunkte sollten Sie bei diffusen bzw. nicht eindeutig zu lokalisierenden Schmerzen sanft akupressieren:

KS 6 – Neiguan

Dieser Punkt befindet sich an der Innenseite des Unterarms, etwa 3 Finger breit von der Handgelenksfalte entfernt.

MP 4 – Gongsun
Der 4. Punkt des Milz-Pankreas-Meridians befindet sich an der Fußinnenseite.

Die folgenden Punkte sollten Sie bei Schmerzen im Oberbauchbereich akupressieren:

M 35 – Dubi
Dieser Punkt befindet sich an der Außenseite des Kniegelenks.

Günstige Behandlungszeiten: morgens von 7 bis 11 Uhr und abends von 19 bis 21 Uhr

M 36 – Zusanli
Der »Dreimeilenpunkt« befindet sich unterhalb der Kniescheibe außen am Schienbein.

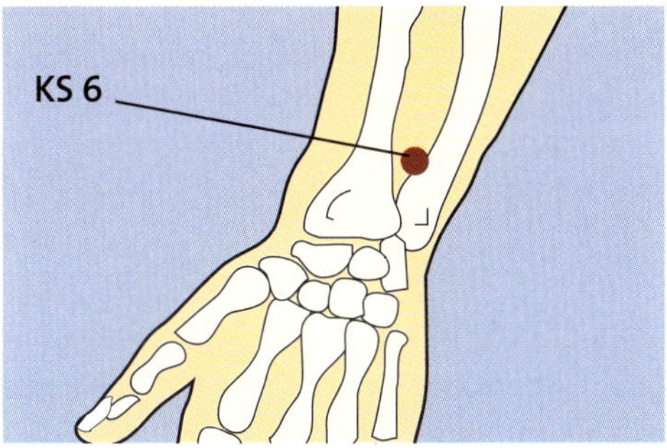

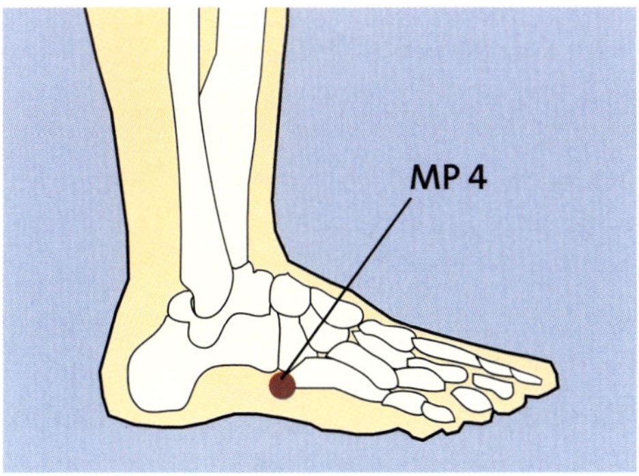

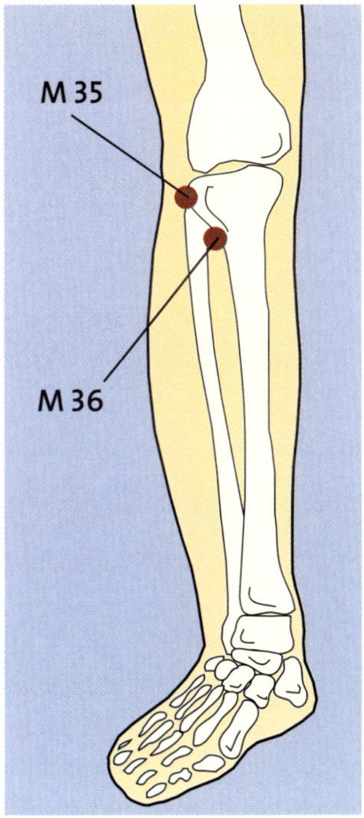

Blutdruck, niedriger

Menschen mit einem zu niedrigen Blutdruck (Hypotonie) – einem Wert von weniger als 100/60 mmHg – sind meist als Morgenmuffel verschrien. Nicht ganz zu Unrecht, kommt doch ihr Kreislauf morgens nur schwer in Gang. So sind auch Schwindelgefühle am Morgen, Wetterfühligkeit, Konzentrationsstörungen, Schlaflosigkeit, Schweißausbrüche und Kältegefühl die häufigsten Beschwerden bei Hypotonie. Diese Beschwerden können im Extremfall bis zum Kreislaufkollaps führen. Also nehmen Sie diese Symptome, wenn sie durch niedrigen Blutdruck verursacht sind, nicht auf die leichte Schulter. Lassen Sie von einem Arzt abklären, ob sich eine ernsthafte Erkrankung des Herz-Kreislauf-Systems dahinter verbirgt.

Hypotoniker haben ein geringeres Herzinfarktrisiko, und auch Herz-Kreislauf-Erkrankungen wie Arteriosklerose kommen bei ihnen weitaus weniger vor.

Allein in Deutschland haben schätzungsweise zwei Millionen Menschen einen zu niedrigen Blutdruck. Oft sind davon große und schlanke Personen betroffen. Auch psychische Belastungen können zu einem zu niedrigen Blutdruck führen. Falls der niedrige Blutdruck nicht Symptom einer Erkrankung ist, sollten Sie auf keinen Fall blutdrucksteigernde Medikamente einnehmen.

Letztendlich ist ein zu niedriger Blutdruck, wenn Sie dabei keine Beschwerden haben, für Sie ein durchaus positiver Umstand. Hypotoniker haben nämlich nachweislich eine höhere Lebenserwartung als der Bevölkerungsdurchschnitt.

Mit Akupressur das Wohlbefinden verbessern

Um Ihr allgemeines Wohlbefinden zu verbessern, sollten Sie aber dennoch etwas gegen einen zu niedrigen Blutdruck tun. Sinnvoll sind dabei die im Folgenden beschriebenen Akupressurbehandlungen.

Akupressur bei niedrigem Blutdruck

H 3 – Shaohai
Der Punkt befindet sich am Ende der Ellenbeuge, an der Innenseite des Ellbogengelenks.

H 7 – Shenmen
Dieser Punkt (»Tor des Geistes«) befindet sich in der Handgelenksfalte, etwas unterhalb von deren Mitte.

Drücken Sie den Punkt H 7 (Shenmen) des Herzmeridians täglich etwa drei bis fünf Minuten lang nur leicht.

DI 4 – Hegu
Pressen Sie Ihren Daumen an den ausgestreckten Zeigefinger; dadurch bildet sich eine Muskelwölbung auf dem Handrücken. An der höchsten Stelle dieser Erhebung liegt der Punkt DI 4 (»Verbindung mit dem Tal«).

»Schieben« des Mittelfingers
Schieben Sie den Mittelfinger mit Zeigefinger und Daumen der anderen Hand in Richtung Handgelenk. Wechseln Sie nach fünf »Schüben« die Hand.

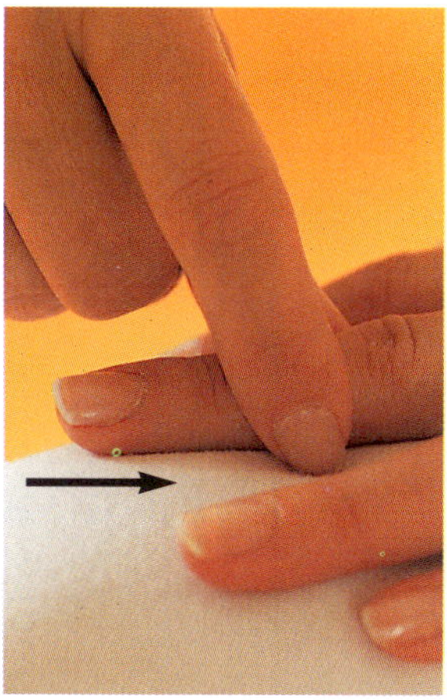

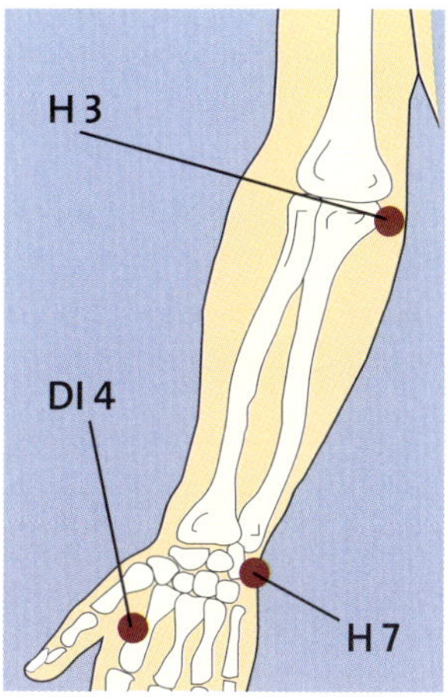

Günstigste Behandlungszeiten: morgens bis 9 Uhr und 19 bis 21 Uhr

Blutdruck, hoher

Eine einmalige Messung des Blutdrucks beim Arzt sagt noch wenig aus. Nur wenn bei regelmäßigen Messungen über einen längeren Zeitraum ständig zu hohe Blutdruckwerte festgestellt werden, liegt tatsächlich ein Bluthochdruck vor.

Im Durchschnitt hat etwa jeder fünfte Bundesbürger einen zu hohen Blutdruck. Nur die Hälfte der Betroffenen weiß dies. Wiederum etwa die Hälfte davon lässt sich behandeln, und nur die Hälfte von diesem Personenkreis wird ausreichend behandelt. Womit es nur bei jeder achten Person mit Bluthochdruck gelingt, die Werte so weit zu senken, dass sie wieder im Normalbereich liegen.
Die Medizin spricht von einem primären oder essenziellen Bluthochdruck (Hypertonie), wenn die genaue Ursache nicht bekannt ist. Dies trifft für etwa 90 Prozent der Fälle zu. Es lassen sich hier lediglich Risikofaktoren bestimmen. Bei der so genannten sekundären Hypertonie liegt dagegen eine organische Krankheit vor. In der Regel handelt es sich dabei um Nieren-, Drüsen- oder Herzerkrankungen. Dies ist aber nur bei etwa zehn Prozent der Betroffenen der Fall.

Wann ist der Blutdruck zu hoch?

Der Idealwert des Blutdrucks bei einem Erwachsenen liegt bei etwa 120/80 mmHg. Nach den Richtlinien der Weltgesundheitsorganisation (WHO) gelten die folgenden Grenzwerte für Bluthochdruck.

Für den oberen (systolischen) Blutdruckwert

- Leicht erhöht: 140 bis 160 mmHg
- Erhöht: über 160 mmHg

Für den unteren (diastolischen) Blutdruckwert

- Milder Hochdruck: 90 bis 95 mmHg
- Mittelschwerer Hochdruck: 95 bis 115 mmHg
- Schwerer Hochdruck: über 115 mmHg

Mit Akupressur können Sie die ärztlichen Behandlungsmaßnahmen wirksam unterstützen und ergänzen.

Akupressur bei Bluthochdruck

H 7 – Shenmen

Der 7. Punkt des Herzmeridians (»Tor des Geistes«) befindet sich in der Handgelenksfalte, etwas unterhalb von deren Mitte. Drücken Sie ihn mit mittlerer Kraft etwa 5 Minuten.

H 9 – Shaochong

H 9 ist ein allgemeiner Harmonisierungspunkt, der sich am Nagelfalz (links unter dem Nagelbett) des kleinen Fingers befindet. Diesen Punkt sollten Sie mehrmals täglich etwa 5 Minuten kräftig drücken.

»Ziehen« des Mittelfingers

Eine energieableitende Wirkung hat das »Langziehen« des Mittelfingers. Ziehen Sie deshalb mit dem Zeigefinger und dem Daumen der anderen Hand Ihren Mittelfinger lang. Wechseln Sie nach 5-maligem »Ziehen« von der Fingerwurzel bis zum Nagel die Hand. Dieses Ziehen können Sie mehrmals täglich durchführen.

Mögliche Folgeerkrankungen von Bluthochdruck sind Arteriosklerose, Schlaganfall, Durchblutungsstörungen, Nierenversagen, Sehschwäche und Herzinfarkt.

Günstigste Behandlungszeiten: morgens bis 9 Uhr und 19 bis 21 Uhr

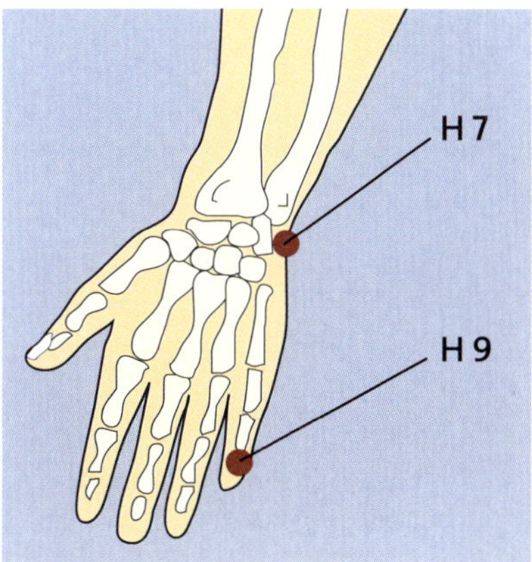

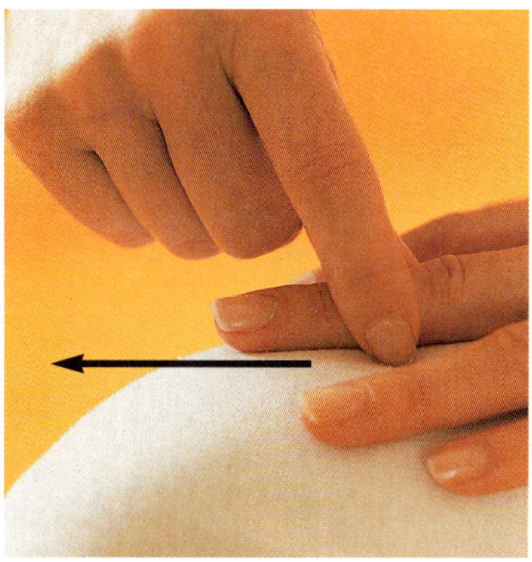

Bronchitis

Von einer chronischen Bronchitis spricht man, wenn über einen Zeitraum von zwei Jahren mindestens drei Monate lang Husten oder andere Symptome einer Bronchitis auftreten.

Eine Bronchitis tritt oft als Begleiterscheinung von grippalen Infekten auf. Es handelt sich dabei um eine akute Entzündung der Bronchien, d. h. der sich in der Lunge immer mehr verzweigenden Äste der Luftröhre. Die Bronchitis beginnt meist mit einem schmerzhaften und am Anfang noch trockenen Reizhusten. Erst nach einiger Zeit lässt sich ein weißlicher Schleim abhusten. Weitere Symptome einer Bronchitis sind Schmerzen in der Brust, ein Kitzeln im Kehlkopf sowie ein allgemeines Krankheitsgefühl und eventuell Fieber. Wenn eine Bronchitis nicht richtig auskuriert wird, kann sie chronisch werden. Bronchitis wird vor allem durch Rauchen und durch eine ausschließliche Mundatmung gefördert. Wenn Sie Schmerzen beim Husten bekommen, der Schleim gelbgrün oder gar blutig wird, sollten Sie sich ärztlich untersuchen lassen. Ansonsten hilft Ihnen die Akupressur der im Folgenden genannten Punkte, den Schleim bei einer Bronchitis – und auch bei allen anderen Atemwegsinfektionen – besser abzuhusten.

Entspannung und Wärme sind zwei wichtige Voraussetzungen für einen erfolgreichen Heilungsprozess bei grippalen Infekten.

Akupressur bei Bronchitis

LU 1 – Zhonfu

Der 1. Punkt des Lungenmeridians befindet sich in der Mitte zwischen der ersten und der zweiten Brustrippe, unterhalb des Schlüsselbeins. Akupressieren Sie diesen Punkt täglich etwa 2 bis 3 Minuten mit leichtem bis mittlerem Druck.

Bei einer chronischen Bronchitis sollten Sie unbedingt einen Arzt aufsuchen, um Tuberkulose und Krebs auszuschließen oder mögliche Folgeerkrankungen wie z. B. eine Lungenentzündung zu vermeiden.

LU 5 – Chize

Der 5. Punkt des Lungenmeridians befindet sich an der Innenseite des Arms, genau in der Mitte der Ellenbeuge.

LU 9 – Taiyuan

Der 9. Punkt des Lungenmeridians befindet sich am äußeren Ende der Handgelenksfalte, auf der Innenseite des Unterarms in der unmittelbaren Nähe des Daumengelenks. Akupressieren Sie diesen Punkt täglich etwa 3 bis 5 Minuten, indem Sie einen leichten bis mittleren Fingerdruck ausüben.

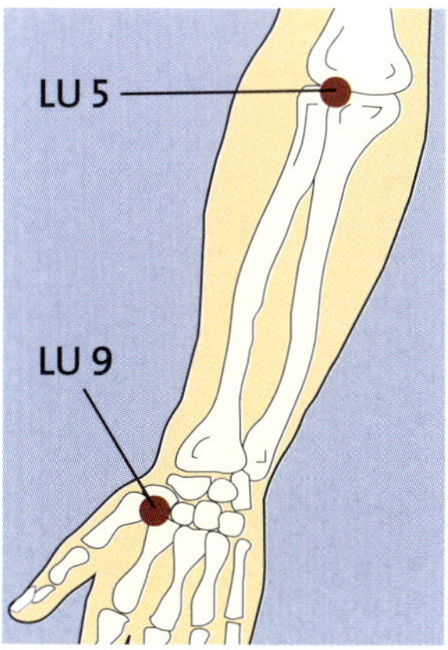

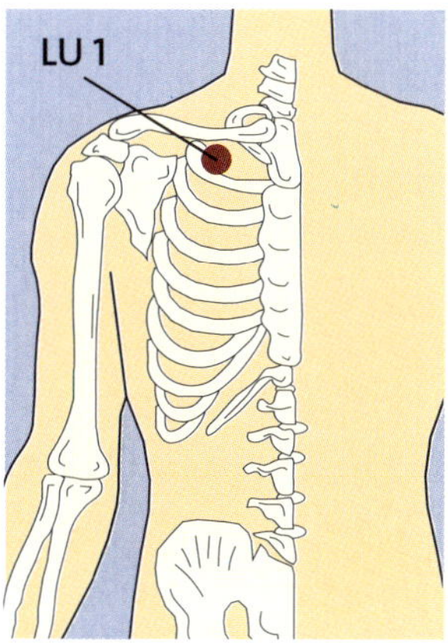

Günstigste Behandlungszeit: frühmorgens bis 7 Uhr

Depressive Verstimmungen

Nach einem psychischen Tief kommt wieder ein Hoch. Wenn Sie Ihre Stimmungsschwankungen akzeptieren, können Sie diese positiv nutzen – etwa für Zeiten der Besinnung.

Depressive Verstimmungen kündigen sich oft an mit einem Gefühl unbestimmter Trauer, mit Mutlosigkeit oder der Überzeugung, das Leben nicht mehr bewältigen zu können. Viele Menschen vermeiden dann den Kontakt zur Außenwelt und zu anderen Menschen. Wenn permanente Ängste und Interesselosigkeit den Alltag bestimmen, ist die Seele nicht mehr gesund.

Meist gibt es ganz konkrete Gründe für eine depressive Verstimmung, beispielsweise den Verlust eines geliebten Menschen, Probleme im Beruf oder andere schmerzhafte Ereignisse. Viele Depressionen entstehen jedoch scheinbar ohne Ursache. Sie äußern sich beispielsweise in plötzlichen Weinkrämpfen oder in einem Rückzug in die eigenen vier Wände. Bei diesen Stimmungstiefs liegen die Ursachen meistens tiefer.

Vorsicht bei einer schweren Depression

Depressive Verstimmungen können Sie selbst behandeln. Eine schwere Depression gehört jedoch zu den ernsthaften psychischen Erkrankungen, die unbedingt einer ärztlichen und psychotherapeutischen Behandlung bedürfen. Die Symptome einer solchen schweren Depression sind:

- Die Betroffenen kapseln sich ab und meiden Kontakte mit anderen Menschen.
- Menschen mit Depressionen nehmen ihre soziale Umwelt völlig anders wahr als die Personen um sie herum. Sie sind auch oft nicht mehr richtig ansprechbar.
- Für das auffällige Verhalten dieser Personen scheint es – auf den ersten Blick – keine Ursache zu geben.

Akupressur bei depressiven Verstimmungen

H 3 – Shaohai
Der Punkt befindet sich am Ende der Ellenbeuge, an der Innenseite des Ellbogengelenks.

H 7 – Shenmen
Der 7. Punkt des Herzmeridians (»Tor des Geistes«) befindet sich in der Handgelenksfalte, etwas unterhalb von deren Mitte.

M 36 – Zusanli
Der »Dreimeilenpunkt« befindet sich unterhalb der Kniescheibe außen am Schienbein. Er verbessert den Energiefluss in allen Meridianen und wirkt sich dadurch günstig auf den Seelenzustand aus.

M 41 – Jiexi
Dieser Druckpunkt des Magenmeridians befindet sich auf dem Fußrist, etwa in der Mitte der Fußwurzel.

Manchmal hilft bei depressiven Verstimmungen ein Ortswechsel. Fahren Sie an einen Ort, der Ruhe auf Sie ausstrahlt. Oder besuchen Sie einen Menschen, mit dem Sie sich gut verstehen und über Ihre Probleme reden können.

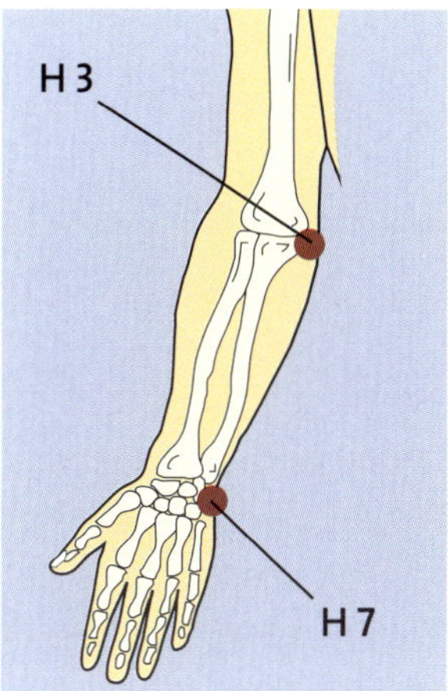

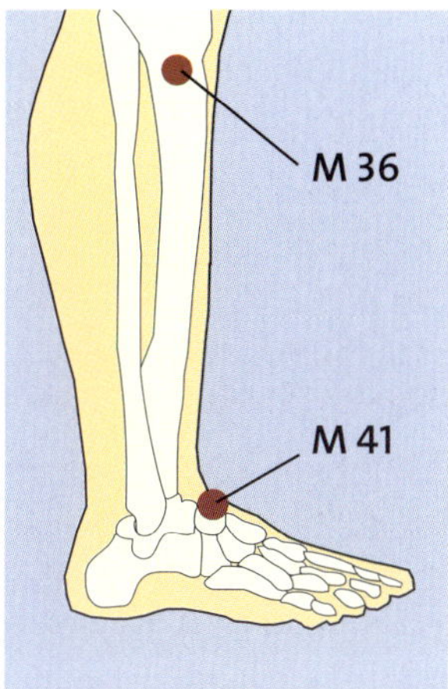

Günstige Behandlungszeiten: vormittags von 9 bis 11 Uhr und nachmittags von 13 bis 15 Uhr

Durchblutungsstörungen

Mit zunehmendem Alter kommen Durchblutungsstörungen häufiger vor, bei Menschen über 60 Jahren steigt die Zahl der Betroffenen stark an.

Durchblutungsstörungen treten meist in den Beinen auf. Über zehn Prozent der Männer über 50 Jahre haben Durchblutungsstörungen in den Beinen. Frauen sind nur etwa halb so oft betroffen. In der medizinischen Fachsprache heißt diese Art der Durchblutungsstörung periphere arterielle Verschlusskrankheit (pAVK). Die Ursache dafür ist fast immer ein arteriosklerotischer Prozess. Das Leiden wird auch als Schaufensterkrankheit bezeichnet, weil die Betroffenen wegen der Schmerzen in den Beinen öfter stehen bleiben und sich etwa, um die Situation zu überspielen, Schaufenster ansehen. Ein erstes Warnsignal für eine pAVK oder Schaufensterkrankheit sind Wadenschmerzen beim Gehen. Sie fühlen sich so ähnlich an wie bei einem Muskelkater. Die Schmerzen nehmen mit der Zeit so stark zu, dass man schließlich nur noch wenige Meter gehen kann und auch im Ruhezustand Schmerzen auftreten.

Die Ursachen

Die Hauptursache für die pAVK ist das Rauchen. Deshalb spricht der Volksmund auch von einem Raucherbein. Einen schädlichen Einfluss haben bei allen Arten von Durchblutungsstörungen auch Bluthochdruck, dauerhaft erhöhte Blutfettwerte und die Zuckerkrankheit (Diabetes mellitus).

Unterstützung durch Akupressur

Die wichtigsten therapeutischen Maßnahmen bei Durchblutungsstörungen sind die Umstellung der Lebens- und Ernährungsgewohnheiten und – vor allem bei pAVK – ein konsequentes Gehtraining. Mit Akupressur können Sie diese Maßnahmen unterstützen.

Akupressur bei Durchblutungsstörungen

M 36 – Zusanli

Der »Dreimeilenpunkt« befindet sich unterhalb der Kniescheibe außen am Schienbein. Er verbessert den Energiefluss in allen Meridianen und reguliert die Kreislauffunktionen. Drücken Sie diesen Punkt 5 bis 10 Minuten lang kräftig.

MP 6 – Sanyinjiao

Dieser Punkt des Milz-Pankreas-Meridians, Treffpunkt der drei Yin genannt, befindet sich an der Innenseite des Unterschenkels, 3 Finger breit über dem Knöchel.

DI 4 – Hegu

Pressen Sie Ihren Daumen an den ausgestreckten Zeigefinger; dadurch bildet sich eine Muskelwölbung auf dem Handrücken. An der höchsten Stelle dieser Erhebung liegt der Punkt DI 4 (siehe Abbildung Seite 45).

Yin Tang

Dieser Spezialpunkt befindet sich in der Mitte zwischen den Augenbrauen, auf dem »Dritten Auge«. Er empfiehlt sich speziell bei Schwindelanfällen.

Ein weiterer Spezialpunkt befindet sich am Nagelfalz des Mittelfingers. Drücken Sie ihn mit dem Zeigefinger der anderen Hand kräftig im Rhythmus Ihres Pulses; pro Hand jeweils etwa eine Minute lang.

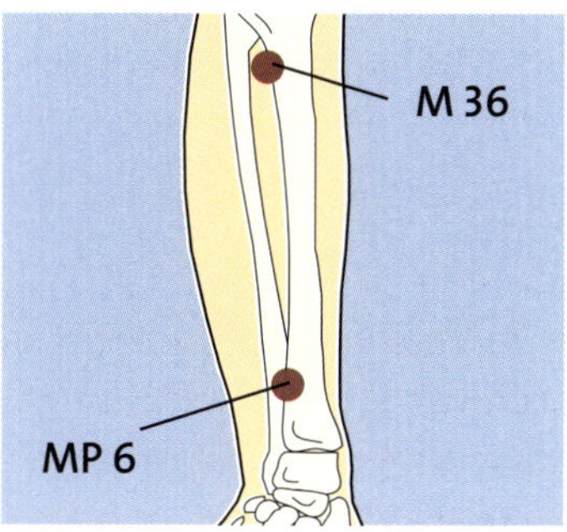

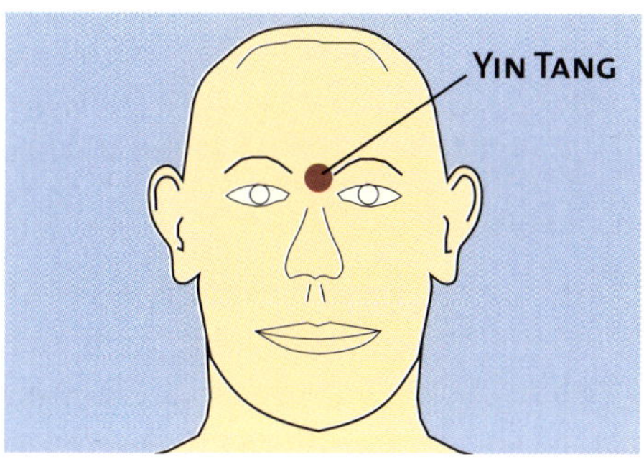

Erkältungen

Vor allem in der kalten Jahreszeit erkranken viele Menschen im Nasen-, Hals- und Rachenbereich. Die meisten dieser so genannten Erkältungskrankheiten entstehen aufgrund von Virusinfektionen. Dass die Krankheitserreger überhaupt eine Chance haben, sich im Organismus zu behaupten, hängt meist mit einem schon geschwächten Immunsystem zusammen.

In der Regel klingt ein Schnupfen nach sieben Tagen wieder ab. Falls die Symptome länger anhalten sollten, deutet dies auf eine mögliche Komplikation, z. B. eine Nasennebenhöhlenentzündung, hin.

Diese Schwächung der Widerstandskräfte kann unterschiedliche Ursachen haben: Stress, Überanstrengung und seelische Belastungen können dabei ebenso eine Rolle spielen wie Nässe und Kälte sowie zu trockene Zimmerluft während der Heizungsperiode in der kälteren Jahreszeit. Die charakteristischen Erkältungskrankheiten – auch als grippale Infekte bezeichnet – beginnen meist wenige Stunden nach der Infektion. Die Übertragung der Krankheit erfolgt durch eine Tröpfcheninfektion oder durch das Einatmen von Krankheitserregern.

Schnupfen ist am häufigsten

Ein akuter Schnupfen zählt zu den am häufigsten auftretenden Erkrankungen überhaupt. Wenn die Nase verstopft ist oder läuft, liegt eine Entzündung der Nasenschleimhaut vor. Diese Entzündung kann auch auf den Rachenbereich übergreifen; in der Folge kommt es zu Husten und Heiserkeit. Falls die Erkältung sich noch weiter ausbreitet, kann es auch zu einer Entzündung der Nasennebenhöhlen und zu einer Mittelohrentzündung kommen.

Es ist deshalb ratsam, bei den ersten Anzeichen einer Erkältungskrankheit geeignete Vorbeugemaßnahmen zu ergreifen, um Schlimmeres zu verhindern. Akupressur kann dabei sehr hilfreich sein.

Akupressur gegen Erkältungen

DI 20 – Yingxiang
Dieser Druckpunkt befindet sich zwischen Nase und Oberlippe in der seitlichen Falte.

M 8 – Touwei
Diesen Druckpunkt finden Sie am vorderen Haaransatz vor der Schläfe.

LU 5 – Chize
Der 5. Punkt des Lungenmeridians befindet sich an der Innenseite des Arms, in der Mitte der Ellenbeuge.

LU 7 – Lieque
Den Punkt finden Sie innen am Unterarm, etwa 3 Finger breit vom Daumengelenk entfernt zwischen Elle und Speiche.

DI 4 – Hegu
Pressen Sie Ihren Daumen an den ausgestreckten Zeigefinger; dadurch bildet sich eine Muskelwölbung auf dem Handrücken. An der höchsten Stelle dieser Erhebung liegt der Punkt DI 4 (»Verbindung mit dem Tal«).

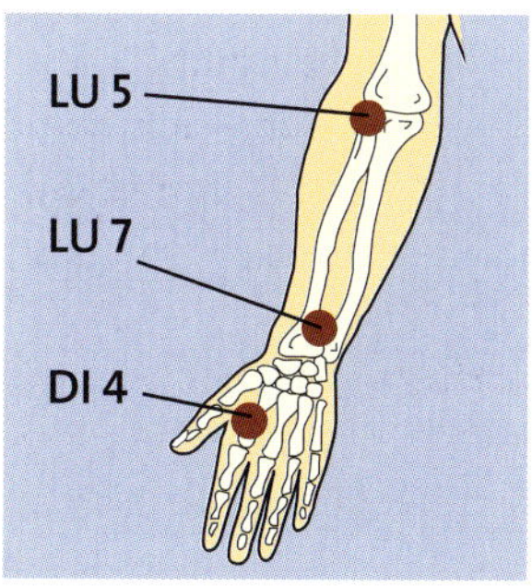

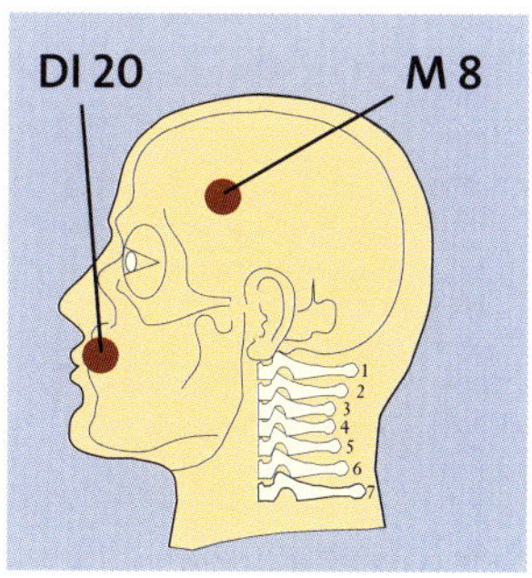

Vorsicht bei echter Grippe! Bei Influenza können schwere Folgeerkrankungen auftreten. Deswegen sollten Sie bei diesem Krankheitsverdacht sofort zum Arzt gehen.

Füße, kalte

Wenn Sie einen zu niedrigen Blutdruck haben, sollten Sie möglichst zweimal in der Woche zum Schwimmen gehen. Diese Sportart ist für Menschen mit niedrigem Blutdruck besonders geeignet.

Kalte Füße treten überproportional häufig bei Frauen auf. Hierfür kann niedriger Blutdruck oder eine Störung der Durchblutung der Beine verantwortlich sein. Oft hilft schon etwas mehr Bewegung, um wieder mehr Wärme in die Füße zu bekommen.

Abgesehen davon, dass kalte Füße lästig sind, können sie in gesundheitlicher Hinsicht durchaus zu einem Problem werden. Der Körper reagiert auf die Kälte in den Extremitäten, indem er die Wärme für wichtigere Körperbereiche reserviert: Vereinfacht ausgedrückt, spart er am Rand mit der Heizenergie, um in den lebensnotwendigen inneren Bereichen genug davon zur Verfügung zu halten. Dabei wird auch die Temperatur in den verschiedenen Schleimhautbereichen abgesenkt. Die Folge ist, dass Viren, die sehr empfindlich gegen hohe Temperaturen sind, nun leichtes Spiel haben. Grippale Infekte, besonders der Harnröhre, treten vermehrt auf.

Der Genuss heißer Getränke führt zu einer schnellen Erwärmung von innen.

Akupressur bei kalten Füßen

MP 2 – Dadu
Der 2. Punkt des Milz-Pankreas-Meridians befindet sich in der Mitte des Großzehengrundgelenks.

MP 5 – Shangqui
Der 5. Punkt des Milz-Pankreas-Meridians befindet sich unterhalb des Knöchels und knapp oberhalb des Sprunggelenks.

MP 6 – Sanyinjiao
Der »Treffpunkt der drei Yin« auf dem Milz-Pankreas-Meridian befindet sich an der Innenseite des Unterschenkels, 3 Finger breit über dem Knöchel.

M 36 – Zusanli
Der »Dreimeilenpunkt« befindet sich unterhalb der Kniescheibe außen am Schienbein. Er verbessert den Energiefluss in allen Meridianen und fördert auch die Kreislauffunktion und die Durchblutung.

Versuchen Sie es einmal mit kneippschen Wasseranwendungen! Wassertreten nach Kneipp können Sie auch in Ihrer eigenen Badewanne durchführen.

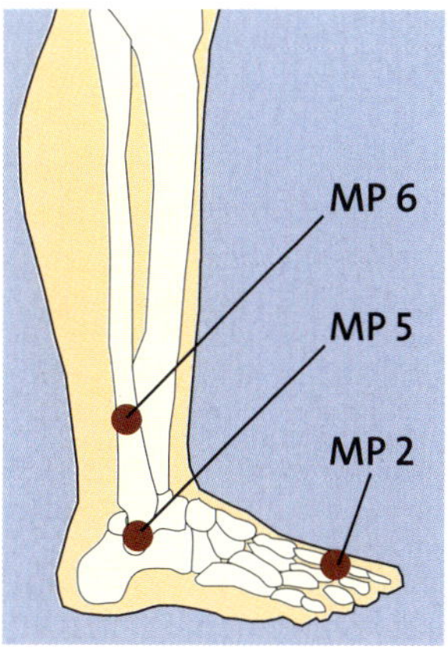

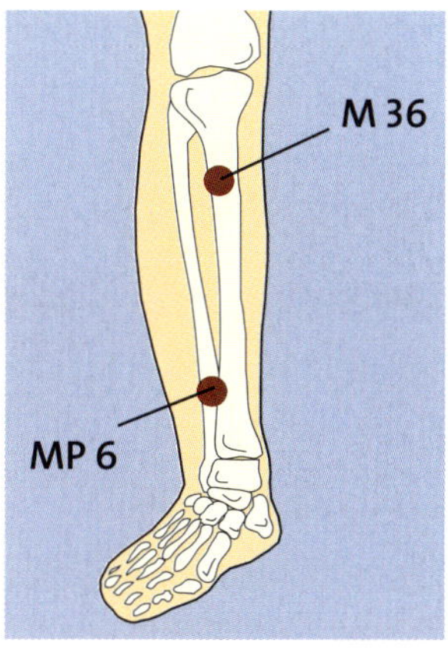

Günstigste Behandlungszeit: mittags von 11 bis 13 Uhr

Gallenblasenfunktionsstörungen

Gallensteine kommen sehr oft vor. Etwa jeder vierte Mensch hat Gallensteine; Frauen etwa fünfmal häufiger als Männer.

Die Gallenblase ist der Ort, wo der von der Leber produzierte Gallensaft gesammelt und weitergeleitet wird. Die Gallenblase reagiert sehr empfindlich auf eine ungesunde Ernährungsweise sowie auf seelische Unausgeglichenheit, Stress und Überbeanspruchung. Daraufhin können sich Gallensteine bilden. Gallenblasenleiden treten sehr häufig bei Menschen auf, die ihre Aggressionen nicht frei äußern oder sonstwie abbauen können und sie dadurch nach innen lenken. Der Spruch des Volksmundes: »Mir kommt die Galle hoch«, verdeutlicht diesen Zusammenhang zwischen emotionalem Erleben und körperlicher Reaktion.

Bei starken Schmerzen sofort zum Arzt

Gallensteine machen meist gar keine Beschwerden, sie werden deshalb häufig zu spät bemerkt. Dann kommt es zu Schmerzen im rechten Oberbauch, die bis in den rechten Schulter- und Rückenbereich ausstrahlen können. In besonders schlimmen Fällen kommt es zu einer Gallenkolik. Dabei können heftige Schmerzen mit Übelkeit und Erbrechen auftreten. In solchen Fällen sollten Sie möglichst sofort einen Arzt aufsuchen. Auch bei Entzündungen der Gallenblase oder der Gallenwege ist eine Selbstbehandlung nicht empfehlenswert.

Unterstützung mit Akupressur

Mit Akupressur können Sie die Tätigkeit der Gallenblase unterstützen und somit ernsthaften Erkrankungen dieses wichtigen Organs vorbeugen. Wenn Sie für Gallenleiden anfällig sind, sollten Sie in Zukunft besser auf fette und cholesterinhaltige Speisen sowie auf alkoholische Getränke verzichten.

Akupressur bei Gallenblasenleiden

G 37 – Guangming
Dieser Punkt, auch Strahlendes Licht genannt, befindet sich an der Außenseite des Unterschenkels, 1 Hand breit oberhalb des Knöchels.

G 38 – Yangfu
Der Punkt (»Yang-Ergänzung«) befindet sich etwas unterhalb von G 37 an der Außenseite des Unterschenkels vor dem Schienbeinrand. Bei Schmerzen sollten Sie diesen Punkt 3 bis 5 Minuten lang kräftig drücken.

Eine akute Gallenkolik kann nur mit stark schmerzstillenden und krampflösenden Medikamenten behandelt werden.

G 40 – Quixu
Sie finden diesen Punkt seitlich am Fußrücken. Er hat sich vor allem bei kolikartigen Schmerzen bewährt. Drücken Sie den Punkt bei Schmerzen mit mittlerer Intensität etwa 5 Minuten lang.

G 43 – Xiaxi
Dieser Punkt befindet sich am Grundgelenk der vierten Zehe. Drücken Sie ihn etwa 5 Minuten lang kräftig.

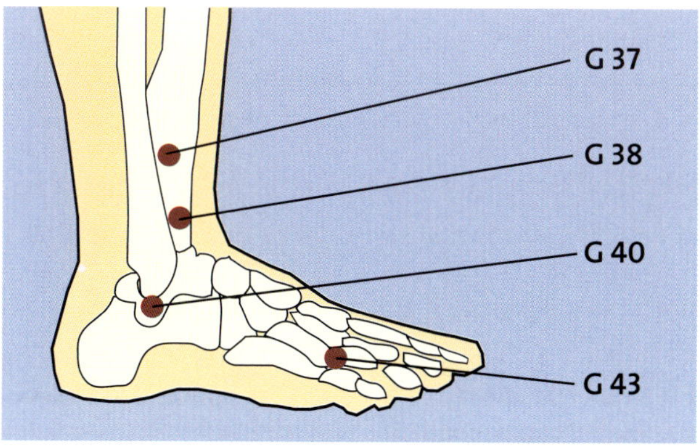

Günstigste Behandlungszeit: nachts von 23 bis 2 Uhr

Halsschmerzen

Bei starken Halsschmerzen und Schluckbeschwerden, die mit Fieber einhergehen, sollten Sie unbedingt zum Arzt gehen. Dies sind Symptome einer akuten Angina.

Halsschmerzen können als ein Begleitsymptom von Erkältungskrankheiten und Entzündungen der Atemwege auftreten. Auch eine Mandelentzündung (eitrige Angina), Scharlach und andere Infektionskrankheiten können mögliche Ursachen sein. Besteht aufgrund starker Halsschmerzen und Fieber dieser Verdacht, sollte unbedingt ein Arzt konsultiert werden, da es zu Komplikationen und Folgeerkrankungen kommen kann.
Sofern es sich um leichte Halsbeschwerden etwa infolge eines grippalen Infekts handelt, die mit Heiserkeit und leichten Schluckbeschwerden einhergehen, können sie durch Stimulierung der folgenden Akupressurpunkte erfolgreich gelindert werden.

Akupressur bei Halsschmerzen

LU 11 – Shaoshang
Der »Meisterpunkt« der Lunge befindet sich am Nagelbett des Daumens am inneren Winkel. Akupressieren Sie ihn mehrmals täglich 5 Minuten lang kräftig.

Günstigste Behandlungszeiten: morgens von 7 bis 9 Uhr, abends von 21 bis 23 Uhr

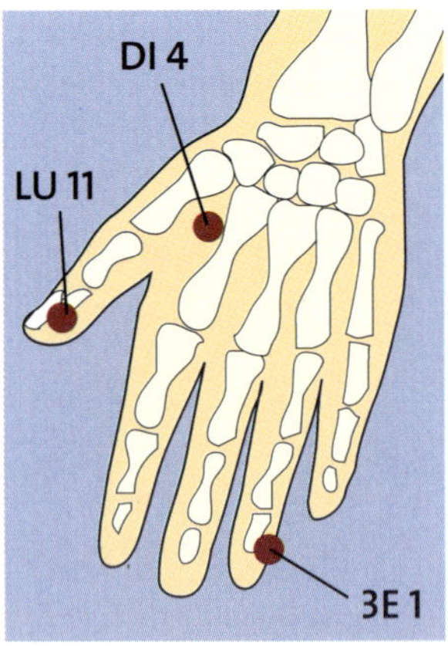

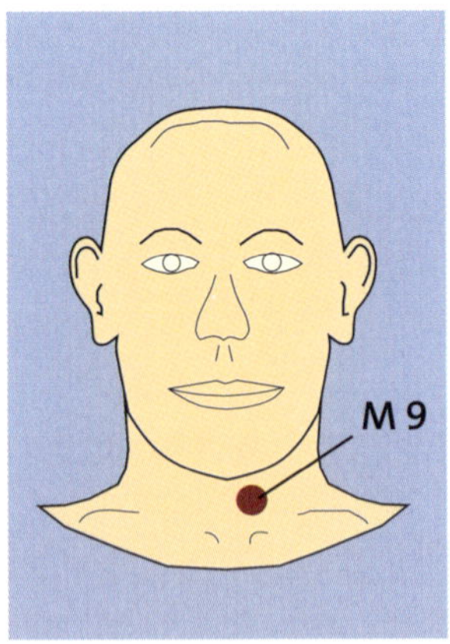

DI 4 – Hegu

Pressen Sie Ihren Daumen an den ausgestreckten Zeigefinger; dadurch bildet sich eine Muskelwölbung auf dem Handrücken. An der höchsten Stelle dieser Erhebung liegt der Punkt DI 4 (»Verbindung mit dem Tal«).

M 9 – Renying

Der 9. Punkt des Magenmeridians befindet sich seitlich auf der Erhöhung des Kehlkopfs. Akupressieren Sie diesen Druckpunkt mehrmals täglich bis zu 5 Minuten lang eher sanft. Am vorderen Halsbereich sollten Sie immer äußerst vorsichtig akupressieren, weil dieser sehr empfindlich ist.

3E 1 – Guanchong

Der erste Punkt des Dreifachen-Erwärmer-Meridians befindet sich am äußeren Nagelwinkel des Ringfingers.

Hämorrhoiden

Über diese Volkskrankheit wird nicht gern gesprochen, obwohl Hämorrhoiden eine sehr schmerzhafte Angelegenheit sein können. Hämorrhoiden sind krampfaderähnliche Erweiterungen der Venengeflechte am After. Bei geringer Ausprägung verursachen sie meist keine Beschwerden, so dass sich die Betroffenen ihrer Hämorrhoiden gar nicht bewusst sind. Die charakteristischen Beschwerden wie Afterjucken, Stuhlverstopfung und Blut im Stuhlgang stellen sich erst im fortgeschrittenen Stadium der Krankheit ein.

Hervorgerufen werden Hämorrhoiden meist durch eine anlagebedingte Schwäche der Blutaderwände. Chronische Verstopfung und langes Sitzen tragen auch zur Bil-

Vorsicht! Lassen Sie sich bei Symptomen wie Blut im Stuhl, die auf Hämorrhoiden hindeuten, unbedingt ärztlich untersuchen, um andere Krankheiten auszuschließen.

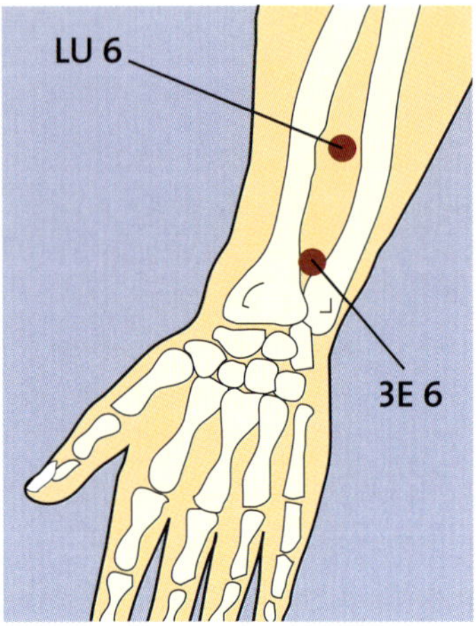

dung von Hämorrhoiden bei. Vorbeugen können Sie deshalb am besten durch eine ballaststoffreiche Ernährung, viel Bewegung und Sport.

Lassen Sie im Fall von Hämorrhoidalbeschwerden Ihren Afterbereich gründlich untersuchen, um den Ursachen auf den Grund zu gehen. Durch Akupressur können Sie dann die ärztlichen Maßnahmen sinnvoll unterstützen.

Akupressur bei Hämorrhoiden

Günstigste Behandlungszeit: morgens von 3 bis 5 Uhr, abends von 21 bis 23 Uhr

LU 6 – Kongzui

Dieser Druckpunkt befindet sich an der Innenseite des Unterarms, 7 Finger breit oberhalb der Handgelenksfalte.

3E 6 – Zhigou

Der 6. Punkt des Dreifachen-Erwärmer-Meridians befindet sich etwa 3 Finger breit über dem Handgelenk zwischen Elle und Speiche.

Hexenschuss

Ein starker Schmerz wie aus heiterem Himmel, verbunden mit einer empfindlichen Bewegungseinschränkung, kennzeichnet den so genannten Hexenschuss (akute Lumbago). Er wird meist durch abrupte Bewegungen ausgelöst, seine Ursachen liegen allerdings tiefer.

Jahrelange Fehlhaltungen durch falsches Sitzen und Bewegungsmangel führen zu degenerativen Veränderungen (meist) im Lendenwirbelbereich. Dadurch wird der Bewegungsapparat so anfällig und labil, dass oft schon kleine Belastungen oder auch Kälteeinwirkungen den gefürchteten Hexenschuss auslösen können. Hierbei kommt es zu einer Blockierung von Wirbelgelenken oder zu einer leichten Verschiebung zweier Wirbel. Dies verursacht eine schmerzhafte Reizung der Nervenwurzeln. Am besten helfen bei einem Hexenschuss warme und entspannende Bäder, Einreibungen, Ruhe, aber auch sachgemäße Chiropraktik. Mit Akupressur können Sie diese Maßnahmen wirkungsvoll ergänzen.

Bei einem Hexenschuss im akuten Stadium ist Ruhigstellung durch Bettruhe erforderlich, eventuell auch durch eine orthopädische Halskrawatte (bei Schmerzen im Halswirbelbereich).

Akupressur bei Hexenschuss

G 41 – Zulinqui
Dieser Punkt befindet sich auf dem Fußrücken.

G 43 – Xiaxi
Dieser Druckpunkt befindet sich am Grundgelenk der 4. Zehe. Drücken Sie ihn etwa 5 Minuten lang kräftig.

B 54 – Zhibian
Dieser Punkt, Befehlende Mitte genannt, befindet sich auf der Rückseite des Beins in der Mitte der Kniekehle. Drücken Sie ihn etwa 3 Minuten lang sanft.

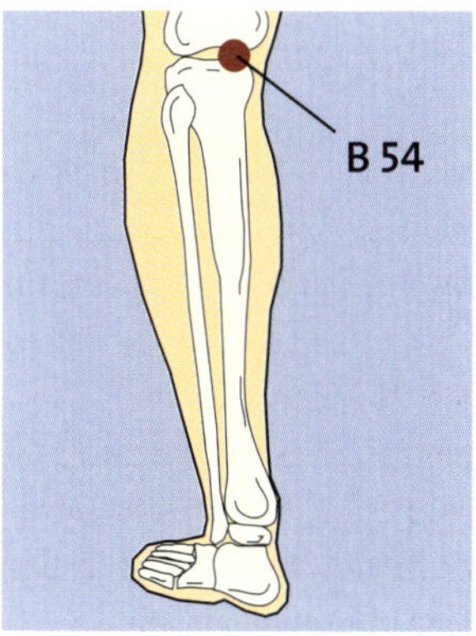

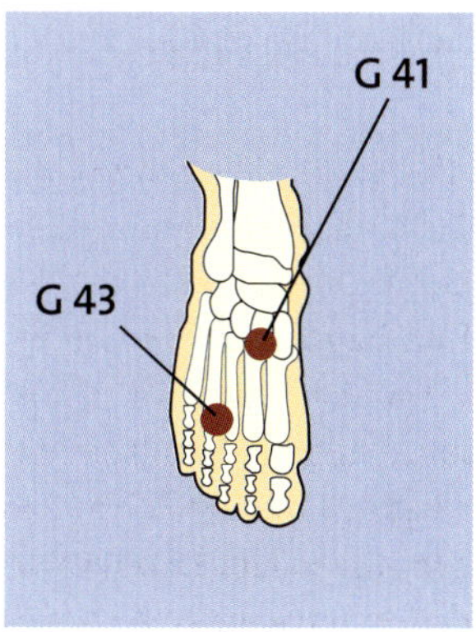

Günstigste Behandlungszeit: abends von 21 bis 23 Uhr

Ischiasbeschwerden

Bei Ischiasbeschwerden können Muskelschwäche und Lähmungserscheinungen auftreten. In diesem Fall sollten Sie umgehend zum Arzt gehen oder den Notarzt anrufen.

Der so genannte Ischiasschmerz ist ein akuter, bohrender oder stechender Nervenschmerz, der vom Rücken über das Gesäß bis zum Fuß ausstrahlen kann. Es können dabei Taubheitsgefühle und Reflexausfälle, teilweise sogar Lähmungserscheinungen auftreten. Wenn Sie sich nicht sicher sind: Am deutlichsten ist der Schmerz zu spüren, wenn man auf dem Rücken liegend das gestreckte Bein anhebt.

Bei solchen Beschwerden liegt meist eine Nervenreizung oder gar ein Bandscheibenvorfall als Ursache zugrunde. Durch Haltungsschäden wird in diesem Fall das Gewebe der Bandscheiben nach außen gepresst und drückt dabei auf die empfindlichen Nerven, die durch das Rückgrat verlaufen.

Die beste Vorbeugungsmaßnahmen gegen Ischiasschmerzen sind ausreichend Bewegung und Rückengymnastik sowie eine rückenschonende Sitzhaltung. Durch Akupressur können die Schmerzen gelindert und die Verkrampfungen der Muskulatur im Lendenwirbelbereich gelockert werden. Die Wirksamkeit der Behandlung kann durch unterstützende Wärmeanwendungen (z. B. warme Bäder) verstärkt werden.

Akupressur bei Ischiasbeschwerden

B 54 – Zhibian

Dieser Punkt (»Befehlende Mitte«) befindet sich auf der Rückseite des Beins in der Mitte der Kniekehle. Drücken Sie ihn etwa 3 Minuten lang sanft.

G 43 – Xiaxi

Dieser Punkt befindet sich am Grundgelenk der 4. Zehe. Drücken Sie ihn etwa 5 Minuten lang kräftig.

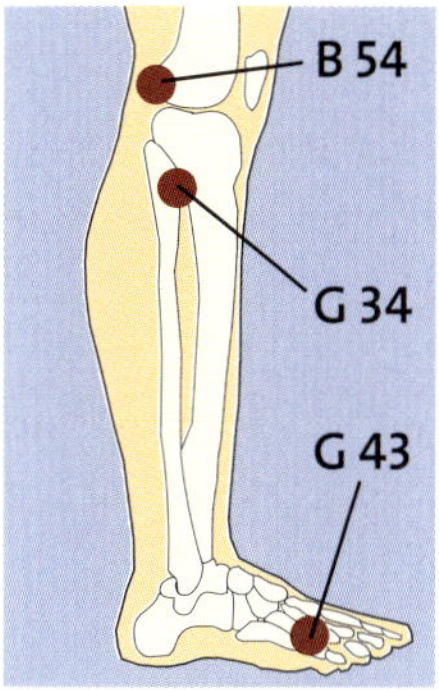

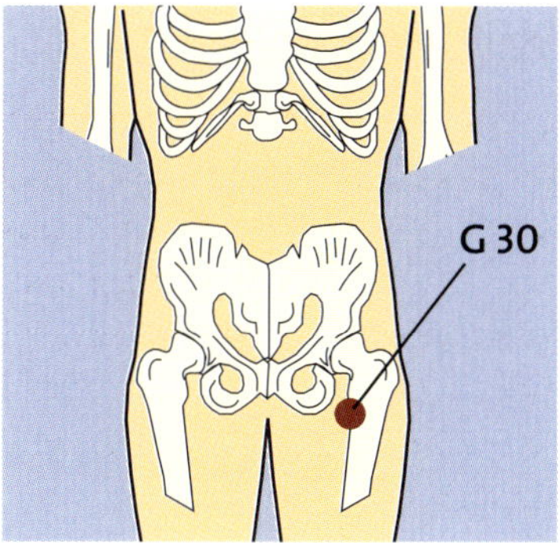

Günstigste Behandlungszeit: nachts von 23 bis 1 Uhr

G 30 – Huantiao
Dieser Punkt, Stützende Stelle genannt, befindet sich am oberen inneren Ende des Oberschenkelknochens. Drücken Sie ihn etwa 10 Minuten lang kräftig.

G 34 – Yanlingquan
Dieser Punkt befindet sich außen am Unterschenkel, im Grübchen neben dem oberen Wadenbeinende.

Konzentrationsschwierigkeiten

Konzentrationsstörungen haben heutzutage viele Menschen, junge und alte. Sie können sich nur schwer auf bestimmte Inhalte oder eine Sache konzentrieren, sondern springen von einem Gedanken zum nächsten und kommen deshalb z. B. in ihrer Arbeit zu keinem vernünftigen Ergebnis. Grund dafür ist oft eine ungesunde Lebensweise (Alhohol, Nikotin, fettes Essen, wenig Bewegung) und die dadurch bedingte Mangelversorgung des Gehirns mit Sauerstoff. Akupressur bringt Ihre innere Ruhe zurück und hilft somit, den Energiefluss von Körper und Seele gleichzeitig anzuregen und auszugleichen.

Mit der Konzentration und dem Gedächtnis verhält es sich wie mit den Muskeln: Sie müssen sie regelmäßig trainieren und gut ernähren, sonst verkümmern sie.

Gedächtnisstörungen

Eine dauerhaft schlechte Durchblutung des Gehirns kann langfristig Vergesslichkeit und Gedächtnisschwund (senile Demenz) verursachen. Das Gehirn erhält zu wenig Nährstoffe und vor allem zu wenig Sauerstoff. Die Folge ist, dass immer mehr Gehirn- und Nervenzellen absterben.

Eine Gedächtnisübung: Erfinden Sie eigene Anagramme! Stellen Sie die Buchstaben oder Silben eines Worts zu neuen Wörtern um. Beispielsweise wird Eva zu Ave usw.

Im geistig-seelischen Bereich können Interesse- und Lustlosigkeit, Motivationsprobleme und Ziellosigkeit mit einer immer stärkeren Abkapselung von anderen Menschen einhergehen. Möglicherweise kommt es schließlich zu einem absoluten Desinteresse am aktuellen Geschehen und zu einer immer größeren Vereinsamung der Betroffenen. Mangelnde Kommunikation mit anderen Menschen und fehlende Außenreize sind jedoch für das Gedächtnis ebenso schädlich wie eine Reizüberflutung mit Bildern und Informationen.

Gehirnjogging – das Gedächtnis trainieren

Um Ihr Gedächtnis und Ihre Konzentrationsfähigkeit fit zu halten, sollten Sie Denkgymnastik betreiben. Nicht nur Ihr Körper benötigt ein regelmäßiges Training; auch Ihr Gehirn sollten Sie öfter beanspruchen, damit es nicht seinen Geist aufgibt. Sie können z. B. knobeln oder knifflige Denksportaufgaben lösen, Kreuzworträtsel ausfüllen oder sich auch im Schach versuchen.

Denksport, Gedächtnis- und Kommunikationstraining reichen jedoch allein nicht aus, um die Konzentrations- und Denkfähigkeit zu verbessern. Wichtig ist außerdem, dass Sie sich gesund und ausgewogen ernähren. Zudem sollten Sie sich viel bewegen, am besten eine Ausdauersportart betreiben (z. B. Schwimmen oder Radfahren), und ausreichend schlafen.

Akupressur bei Gedächtnisstörungen

KG 6 – Qihai
Der 6. Punkt des Konzeptionsgefäßes, auch Meer der Energie genannt, befindet sich oberhalb des Schambeins, etwa 3 Finger breit unterhalb des Bauchnabels. Akupressieren Sie ihn 5 Minuten lang mit leichtem Druck.

KG 12 – Zhongwan
Dieser Punkt liegt auch auf dem Konzeptionsgefäß; er befindet sich aber etwa 5 Finger breit über dem Bauchnabel. Akupressieren Sie diesen Druckpunkt etwa 5 Minuten lang sanft.

Spezialpunkte
An den Fingerkuppen befinden sich spezielle Punkte, die eine reflektorische Beziehung zum Gehirn, insbesondere zur Hirnanhangsdrüse (Hypophyse), haben und dabei helfen, die seelischen und geistigen Aktivitäten zu harmonisieren. Akupressieren Sie diese Spezialpunkte täglich morgens und abends kräftig jeweils 5 bis 10 Minuten lang an jeder Hand.

Die Hypophyse (Hirnanhangsdrüse) ist sozusagen die hormonelle Schaltstelle im Gehirn. Sie steuert eine Vielzahl wichtiger Körperfunktionen.

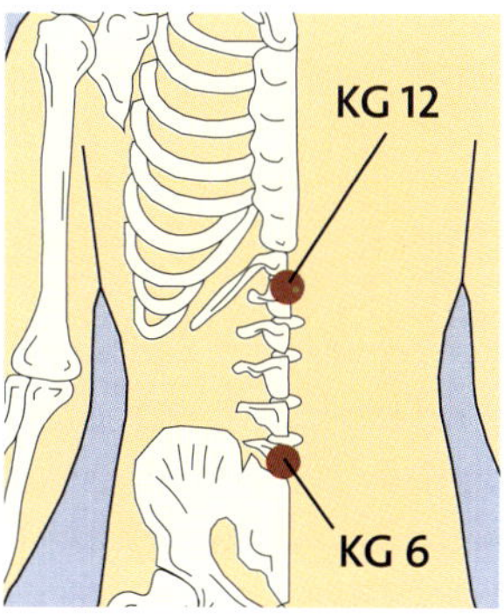

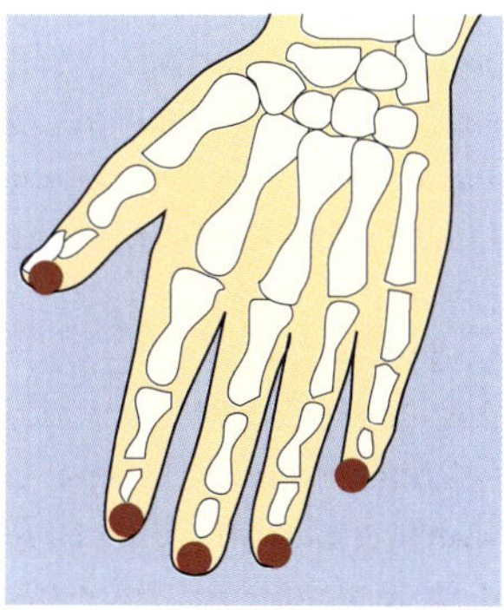

Kopfschmerzen

Schmerzen im Allgemeinen und Kopfschmerzen im Besonderen sind meist ein Signal des Körpers oder der Seele bei Überlastungen. (Kopf-)Schmerzen üben somit eine Warn- und zugleich eine Schutzfunktion aus, indem sie uns bei Krankheiten oder gesundheitlichen Belastungen alarmieren.

Kopfschmerzen können durch viele verschiedene Ursachen hervorgerufen werden und treten in entsprechend vielen Ausprägungen auf. In der Regel unterscheidet man eigenständige Kopfschmerzen von solchen, die von anderen Erkrankungen wie beispielweise Infektionen oder fiebrigen Erkältungskrankheiten verursacht werden. Unter den zuerst genannten tritt der Spannungskopfschmerz am häufigsten auf.

Beim Spannungskopfschmerz ist das Schmerzgefühl meist über den ganzen Kopf verteilt. Man verspürt einen konstanten, beidseitigen, dumpfen Druck im Kopf, als sei der Schädel in einen Schraubstock gezwängt worden. Die Ursachen für die Entstehung des Schmerzes sind bis heute nicht genau geklärt. Es spielen vermutlich verschiedene innerliche und äußerliche Faktoren eine Rolle:

- Psychische Probleme und negativer Stress im beruflichen und im privaten Bereich
- Muskelverspannungen im Nackenbereich, die beispielsweise durch eine falsche Sitzhaltung, langes Autofahren, eine schlechte Schlafposition oder eine minderwertige Bettmatratze ausgelöst werden können
- Das Zusammenwirken von Sehstörungen und der Arbeit am Computer, was einerseits zu einer Reizung der Sehnerven und andererseits zu einer Überlastung der Nackenmuskulatur führen kann

Hilfe durch Akupressur

Mit Akupressur können Sie normale Kopfschmerzen effektiv und ohne Nebenwirkungen behandeln. Auch zur vorbeugenden und langfristigen Behandlung von Kopfschmerzen ist die Akupressur geeignet.

Akupressur bei Kopfschmerzen

B 1 – Jingming
Der 1. Punkt des Blasenmeridians befindet sich exakt an der Nasenwurzel. Akupressieren Sie ihn 5 Minuten lang kräftig.

LG 26 – Shuigou
Dieser Punkt befindet sich im Oberlippengrübchen zwischen den beiden Hautfalten. Akupressieren Sie diesen Druckpunkt etwa 5 Minuten lang mit mittlerer Stärke.

G 20 – Fengchi
Dieser Druckpunkt liegt am Rand des Hinterkopfs. Sie können ihn leicht finden, wenn Sie mit dem Finger am Nacken hinauf zum Haaransatz wandern. Er befindet sich genau an der Stelle, wo der Hals in den Schädel übergeht.

Yin Tang
Dieser Spezialpunkt befindet sich genau in der Mitte zwischen den Augenbrauen. Akupressieren Sie ihn etwa 5 Minuten lang kräftig.

Machen Sie bei Autofahrten öfter eine kurze Pause – am besten mit ein paar gymnastischen Übungen. Das beugt Spannungskopfschmerzen durch angespanntes und zu langes Sitzen vor.

Günstigste Behandlungszeiten: nachmittags von 15 bis 17 Uhr und nachts von 23 bis 1 Uhr

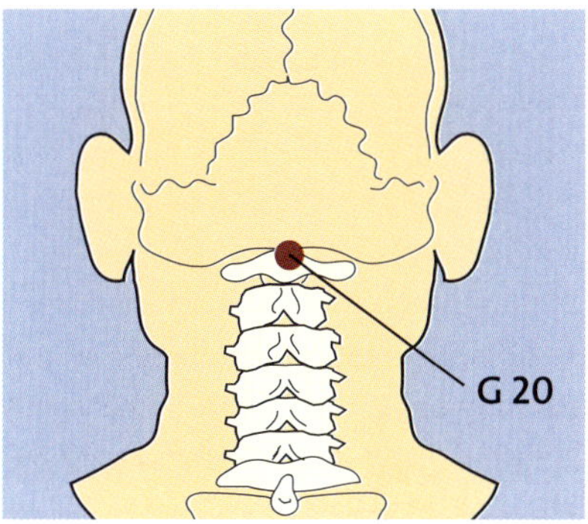

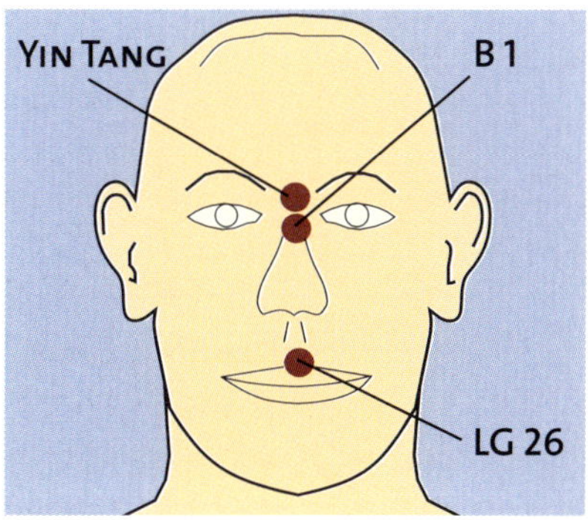

Magenbeschwerden

Wechselnde Magenbeschwerden deuten auf eine chronische Gastritis hin. Sie können aber auch schlimmere Ursachen haben, die Sie unbedingt ärztlich untersuchen lassen sollten.

Die häufigste Magenerkrankung ist die Gastritis, eine Entzündung der Magenschleimhaut. Sie verursacht Völlegefühl, Sodbrennen, Aufstoßen und Schmerzen im Oberbauch. Häufig treten auch Verstopfung, Durchfall, Blähungen und Magenkrämpfe auf. Die Ursachen liegen oft in einer ungesunden Ernährungsweise und dem Genuss von zu viel Alkohol, Nikotin oder Kaffee.
Neben diesen mehr »materiellen« Auslösern haben viele Magenbeschwerden auch seelische Ursachen. Redewendungen aus dem Volksmund wie »Diese Trennung habe ich bis heute nicht verdaut« und »Dieser Vorfall war wie ein Schlag in die Magengrube« verdeutlichen, wie stark der Magen mit unseren Emotionen gekoppelt ist. Magengeschwüre resultieren oft aus jahrelangem Ärger und verdrängten Konflikten. Unter Stress produziert der Magen zu viel Säure, wodurch die Entstehung von Magengeschwüren begünstigt wird. Außerdem sind nach neuesten medizinischen Erkenntnissen noch bestimmte Bakterien (Helicobacter pylori) daran beteiligt.
Den Magenkranken fehlt oft das Selbstvertrauen, das nötig ist, um Konflikte konstruktiv lösen zu können. Sie sollten deshalb unbedingt lernen, Konflikte offen auszutragen, statt aufgestaute Aggressionen in selbstzerstörerischer Weise gegen sich selbst zu richten.

So hilft Akupressur

Leichte Magenschleimhautentzündungen können mit Akupressur innerhalb weniger Tage zum Abklingen gebracht werden. Wenn die Magenschmerzen nach einigen Tagen nicht besser werden, sollten Sie sich unverzüglich ärztlich untersuchen lassen, um eine schlimmere Erkrankung auszuschließen.

Akupressur bei Magenbeschwerden

M 24 – Huaroumen
Dieser Punkt des Magenmeridians befindet sich seitlich knapp über dem Bauchnabel. Akupressieren Sie ihn 5 Minuten lang sanft.

M 25 – Tianshu
Dieser Akupressurpunkt befindet sich etwas unterhalb von M 24, zwischen dem Bauchnabel und der Mitte des Schambeins.

M 36 – Zusanli
Der »Dreimeilenpunkt« befindet sich unterhalb der Kniescheibe außen am Schienbein. Er verbessert den Energiefluss in allen Meridianen und fördert auch die Funktion der Verdauungsorgane.

KG 6 – Qihai
Der 6. Punkt des Konzeptionsgefäßes, auch Meer der Energie genannt, befindet sich oberhalb des Schambeins, etwa 3 Finger breit unterhalb des Bauchnabels. Akupressieren Sie diesen Punkt 5 Minuten lang mit sanftem Druck.

Bei akuten Schmerzen, vor allem im Magen- und Unterleibsbereich, und bei einer Erstbehandlung sollten Sie die Punkte nur mit leichtem Druck und kreisenden Bewegungen akupressieren.

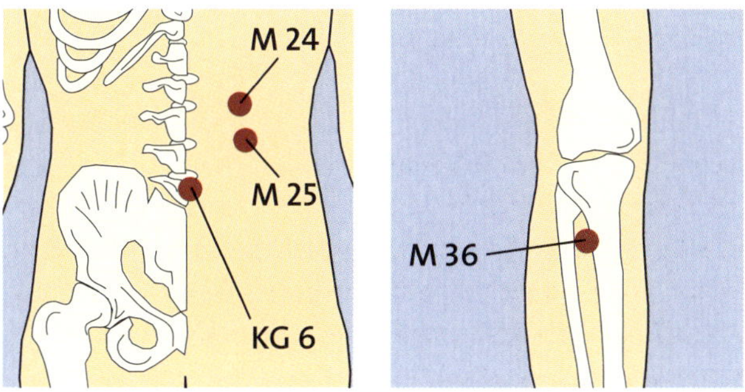

Günstigste Behandlungszeit: morgens von 7 bis 9 Uhr

Menstruationsbeschwerden

Bevor Sie Ihre Menstruationsbeschwerden selbst behandeln, sollten Sie sich auf eventuell dafür verantwortliche organische Erkrankungen untersuchen lassen.

Fast alle Frauen haben zeitweise oder regelmäßig auftretende Menstruationsbeschwerden und erleben sie auf verschiedene Art und Weise. Sie treten in Form von Kopf-, Bauch- und Rückenschmerzen, Müdigkeit, Abgeschlagenheit sowie depressiven Verstimmungen oder Reizbarkeit auf. Die Gründe dafür sind leichte Störungen des Hormonhaushalts, seelische Anspannung, Stress und Überlastung.

So wirkt Akupressur

Mit Akupressur lassen sich leichte Menstruationsbeschwerden lindern und sogar oft ganz beseitigen. Die Stimulierung der Akupressurpunkte harmonisiert den Allgemeinzustand und reguliert die Funktion der Hirnanhangsdrüse (Hypophyse), die als hormonelle Schaltzentrale für die Versorgung des Körpers mit den multifunktionalen Botenstoffen zuständig ist.

Günstigste Behandlungszeit: morgens von 9 bis 11 Uhr

Akupressur bei Menstruationsbeschwerden

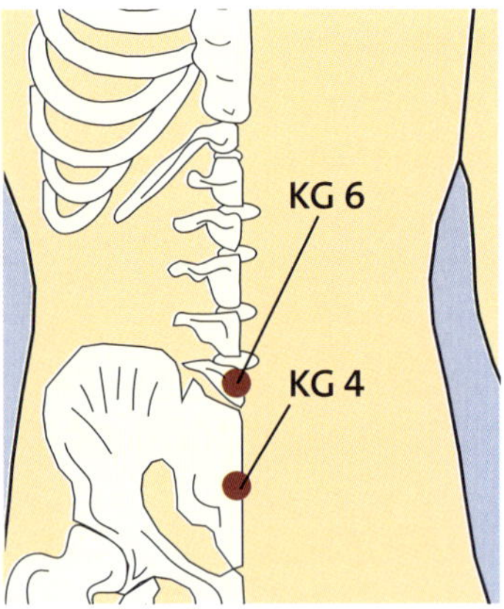

MP 6 – Sanyinjiao

Der 6. Punkt des Milz-Pankreas-Meridians (»Treffpunkt der drei Yin«) befindet sich an der Innenseite des Unterschenkels, 3 Finger breit über dem Knöchel. Akupressieren Sie ihn sanft 5 bis 10 Minuten lang, vor allem bei Gebärmutterkrämpfen und Unterleibsschmerzen.

KG 4 – Guanyuan

Der 4. Punkt des Konzeptionsgefäßes befindet sich knapp oberhalb der Schambeinmitte.

KG 6 – Qihai
Der 6. Punkt des Konzeptionsgefäßes, auch Meer der Energie genannt, befindet sich oberhalb des Schambeins, etwa 3 Finger breit unterhalb des Bauchnabels. Akupressieren Sie ihn sanft 5 Minuten lang.

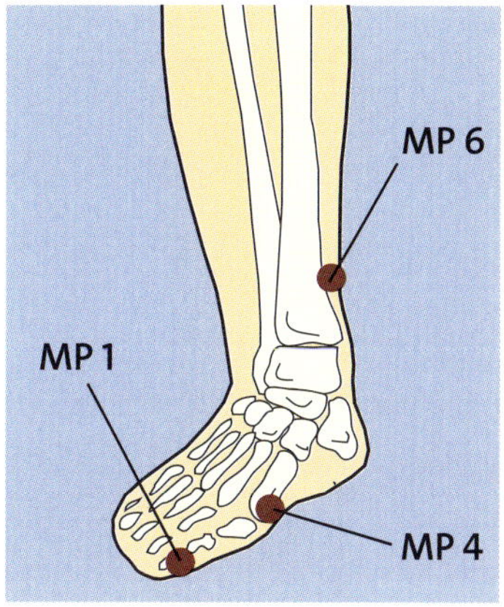

MP 1 – Yinbai
Der 1. Punkt des Milz-Pankreas-Meridians befindet sich im Winkel des Nagels des großen Zehs, auf der Innenseite des Fußes.

MP 4 – Gongsun
Dieser Punkt des Milz-Pankreas-Meridians befindet sich in der Mitte der Innenseite des Fußes.

Migräne

Neben den Spannungskopfschmerzen gehört die Migräne zu den häufigsten Kopfschmerzformen. Etwa 10 bis 15 Prozent der Bevölkerung leiden darunter. Von Migräne sind etwa dreimal so viele Frauen wie Männer betroffen. Meistens sind die so genannten Migräniker im mittleren Alter (zwischen 35 und 55 Jahren), aber auch schon Jugendliche und Kinder können Migräneattacken bekommen.

Bei einem Migräneanfall werden jedoch – trotz der Befürchtungen vieler Menschen – keine Gehirnzellen zerstört. Es kommt auch bei häufigen Attacken nicht zu einem Gedächtnisverlust oder zu einer Beeinträchtigung der Intelligenz.

Psychische Konflikte wirken sich oft auf den Kopf aus. Kopfschmerzen sollen manchmal dazu auffordern, innere Spannungen zu lösen oder Einstellungen zu verändern.

Die Phasen eines Migräneanfalls

- Vorphase (4 bis 24 Stunden): Sie geht mit Symptomen wie Stimmungsschwankungen, Heißhungeranfällen, Müdigkeit, Reizbarkeit und leichten Kopfschmerzen einher. Es kann manchmal auch zu Seh-, Gefühls- und Sprachstörungen kommen.
- Kopfschmerzphase (4 bis 72 Stunden): Die Kopfschmerzen treten meistens nur auf einer Seite auf, können jedoch auch zur anderen Seiten wechseln. Sie fühlen sich bohrend, klopfend und pulsierend wie der Herzschlag an. Appetitlosigkeit, Gleichgewichtsstörungen, Übelkeit und Ruhebedürfnis begleiten diese Phase.
- Erholungsphase (12 bis 24 Stunden): Die Kopfschmerzen und Begleitsymptome lassen langsam nach. Die meisten Betroffenen fühlen sich in dieser Phase völlig erschöpft und benötigen eine Erholungspause, um wieder zu Kräften zu kommen.

Eine Sonderform der Migräne ist der so genannte Clusterkopfschmerz, den hauptsächlich Männer bekommen. Die Schmerzen sind dabei immer einseitig und auf die Schläfen- und Augenregion beschränkt.

Auslösefaktoren und Ursachen

Nach der neuesten medizinischen Theorie liegt die Ursache von Migräneanfällen in einer vererbten Überempfindlichkeit bei unerwarteten Veränderungen im Nervensystem. Diese so genannte Disposition zur Migräne ist zur Zeit nicht behandelbar.

Fast immer lösen bestimmte Faktoren einen Migräneanfall aus. Solche Auslösefaktoren können z. B. Alkoholkonsum, negativer Stress, hormonelle Störungen, bestimmte Nahrungsmittel, Konservierungsstoffe oder auch bestimmte Medikamente sein.

Wie bei Spannungskopfschmerzen ist die Akupressur bei Migräne sowohl zur alternativen als auch zur ergänzenden Behandlung ausgezeichnet geeignet. Sie hat sich im Lauf der letzten Jahre als Therapiemethode bewährt.

Akupressur bei Migräne

DI 4 – Hegu

Pressen Sie Ihren Daumen an den ausgestreckten Zeigefinger; dadurch bildet sich eine Muskelwölbung auf dem Handrücken. An der höchsten Stelle dieser Erhebung liegt der Punkt DI 4 (»Verbindung mit dem Tal«; siehe Abbildung Seite 64).

Wenn Sie erst mal die Auslöser Ihrer Migräne gefunden haben, dann können Sie diese bewusst und gezielt vermeiden.

KG 12 – Zhongwan

Dieser Punkt auf dem Konzeptionsgefäß befindet sich etwa 5 Finger breit über dem Bauchnabel. Akupressieren Sie diesen Druckpunkt etwa 5 Minuten lang sanft.

LG 12 – Shenzu

Dieser Punkt des Lenkergefäßes befindet sich am Dornfortsatz des dritten Brustwirbels, etwa in der Mitte zwischen den Schlüsselbeinen.

MP 21 – Dabao

Dieser Akupressurpunkt befindet sich im Zwischenraum der 3. und 4. Brustrippe. Akupressieren Sie diesen Punkt etwa 5 Minuten lang sanft.

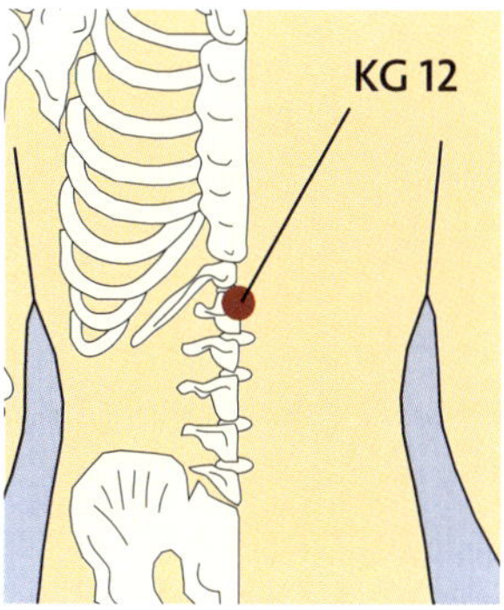

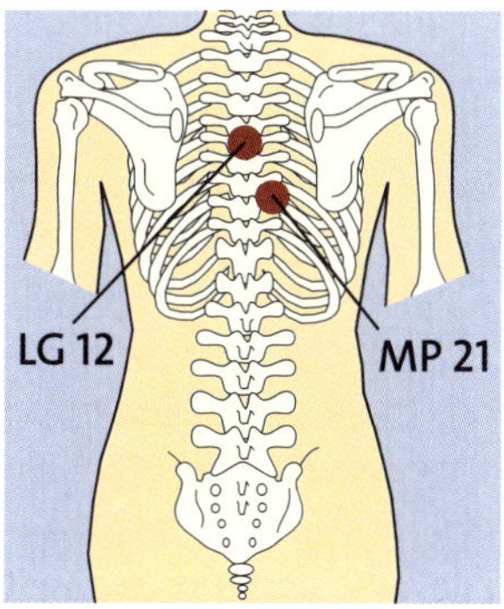

Günstigste Behandlungszeit: morgens von 9 bis 11 Uhr

Müdigkeit

Sind Sie müde, erschöpft und abgespannt? Nach einer Periode körperlicher oder psychischer Anstrengung ist Müdigkeit ein ganz normales Bedürfnis von Körper und Geist nach Ruhe und Entspannung. Die Energievorräte sind erschöpft, und der ganze Körper mit seinen Sinnesorganen muss von den Reizen des Tages abschalten, sich regenerieren und mit neuer Energie aufladen. Dies funktioniert am besten im Schlaf. Wenn Sie dagegen grundlos müde sind, zu nichts richtig Lust haben und trotz reichlicher Pausen und Ruhe gar nicht mehr aufstehen wollen, haben Sie ein gesundheitliches Problem.

Wenn Sie sich immer wieder müde und lustlos fühlen, sollten Sie sich medizinisch untersuchen lassen. Vielleicht steckt ein zu niedriger Blutdruck oder ein Mangel an Eisen dahinter.

Schlaf und Müdigkeit

Das Hormon Melatonin regelt den Schlaf-wach-Rhythmus des Menschen. Es ist dafür zuständig, dass die innere Uhr richtig tickt – im 24-Stunden-Rhythmus. Wenn Sie den Tag nach diesem Rhythmus gestalten, am Morgen rechtzeitig aufstehen und tagsüber genügend Sonnenlicht aufnehmen, dann sind Sie auch am Tag fit und abends müde genug, um auch einen erholsamen Schlaf zu finden.

Chronische Müdigkeit

Eine rätselhafte Krankheit, an der inzwischen viele Menschen leiden, heißt chronisches Erschöpfungssyndrom – abgekürzt CFS (chronic fatigue syndrome). Die Betroffenen fühlen sich über Monate hinweg müde und völlig erschöpft. Oft kommen Kopf- und Gliederschmerzen sowie erhöhte Temperatur hinzu. Die an CFS erkrankten Menschen sind zum Teil nicht mehr in der Lage, einer normalen Arbeit nachzugehen.

Akupressur bei Müdigkeit

KG 6 – Qihai
Der 6. Punkt des Konzeptionsgefäßes, auch Meer der Energie genannt, befindet sich oberhalb des Schambeins, ungefähr 3 Finger breit unterhalb des Bauchnabels.

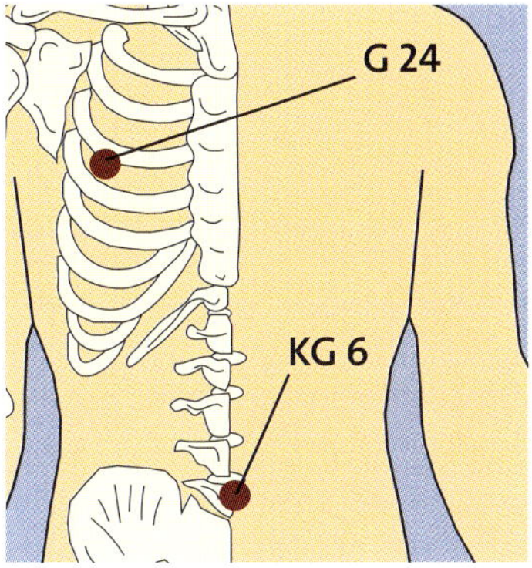

G 24 – Riyue
Dieser Akupressurdruckpunkt des Gallenblasenmeridians befindet sich im 6. Zwischenrippenraum (von unten nach oben gezählt).

MP 2 – Dadu
Der 2. Punkt des Milz-Pankreas-Meridians befindet sich am Grundgelenk des großen Zehs an der Fußinnenseite. Akupressieren Sie ihn etwa 5 Minuten lang mit mittlerer Stärke.

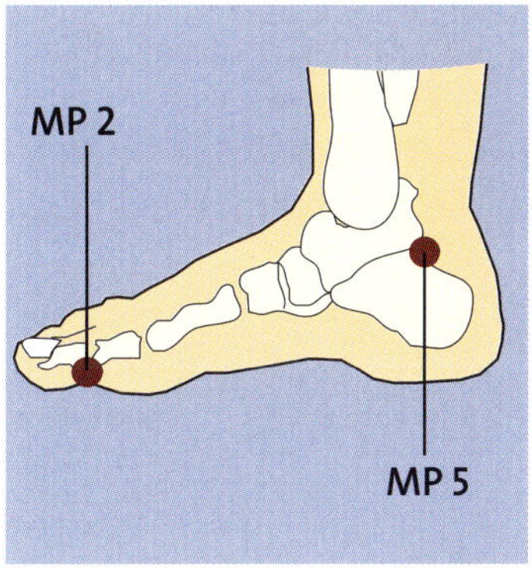

MP 5 – Shangqui
Der 5. Punkt des Milz-Pankreas-Meridians befindet sich unterhalb des Knöchels, knapp über dem Sprunggelenk.

LG 19 – Houding
Dieser Punkt befindet sich am Hinterkopf, genau auf der Hinterhauptfontanelle. Tasten Sie dazu mit den Fingerspitzen den Hinterkopf ab, bis Sie eine kleine Vertiefung spüren.

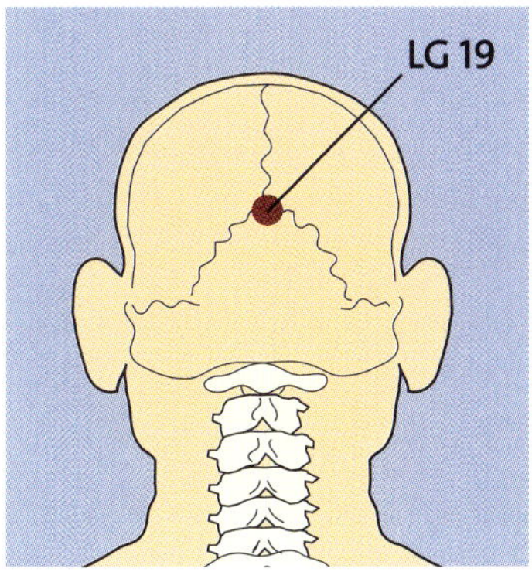

Nasennebenhöhlenentzündung

Gehen Sie zum Arzt, wenn sich die Beschwerden nach einigen Tagen nicht gebessert haben. Dies gilt vor allem dann, wenn Sie hohes Fieber (über 39 °C) haben.

Bei einer Entzündung der Nasennebenhöhlen sind die pneumatischen Räume der Schädelbasis und des Gesichtsschädels betroffen. Diese Art der Entzündung zeichnet sich durch starken Schnupfen, Kopfschmerzen und ein Druckgefühl im Kopf aus. Hinzu kommen in den meisten Fällen auch noch Ohrenschmerzen, Fieber und starke Müdigkeit. Nebenhöhlenentzündungen sind oft die Folge eines grippalen Infekts.

Eine andere Ursache für die Entzündung der Nasennebenhöhlen liegt im psychischen Bereich, denn seelische Belastungen schwächen unmittelbar die körperlichen Abwehrkräfte. Gerade die Nasennebenhöhlen reagieren sehr sensibel auf Sorgen, Ängste und aufgestaute Aggressionen. Diese können sich dann in Form einer Entzündung manifestieren.

Entzündungen der Nasennebenhöhlen können jedoch auch durch Polypen oder Fehlstellungen der Nasenscheidewand hervorgerufen werden. Mit Akupressur können Sie die Beschwerden lindern und andere Therapieformen wirksam unterstützen.

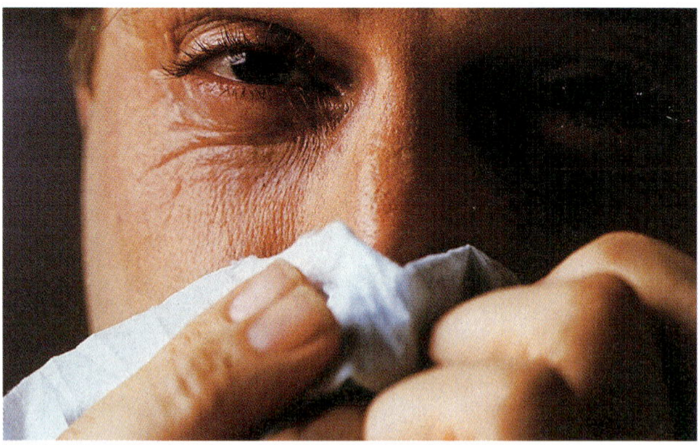

Besonders in der kalten Jahreszeit ist der Organismus anfällig für Erkältungskrankheiten. Vitaminreiche Ernährung ist ein wirkungsvoller Schutz.

Akupressur bei Nebenhöhlenentzündung

DI 4 – Hegu
Pressen Sie Ihren Daumen an den ausgestreckten Zeigefinger; dadurch bildet sich eine Muskelwölbung auf dem Handrücken. An der höchsten Stelle dieser Erhebung liegt der 4. Punkt des Dickdarmmeridians (»Verbindung mit dem Tal«).

Bei Entzündungen der Nasennebenhöhlen helfen und lindern auch Wärmeanwendungen wie warme Bäder oder Inhalationen mit Aromaölen.

DI 2 – Erjian
Der 2. Punkt des Dickdarmmeridians befindet sich am 2. Glied des Zeigefingers. Akupressieren Sie ihn 5 Minuten mit mittlerer Stärke.

B 1 – Jingming
Der 1. Punkt des Blasenmeridians befindet sich exakt an der Nasenwurzel. Akupressieren Sie ihn 5 Minuten lang.

LU 11 – Shaoshang
Der »Meisterpunkt« der Lunge, auch junger Händler genannt, befindet sich am Nagelbett des Daumens am inneren Winkel.

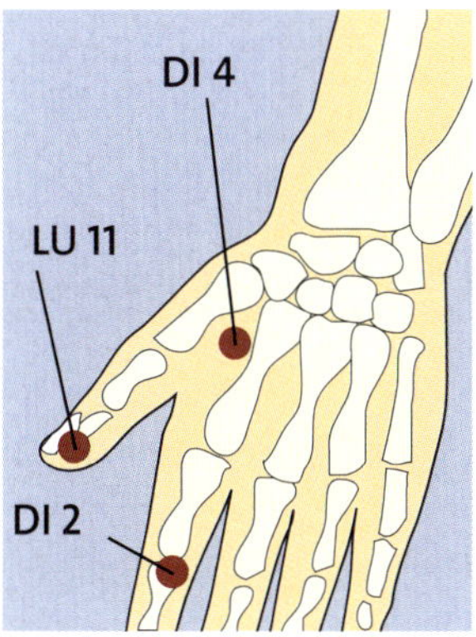

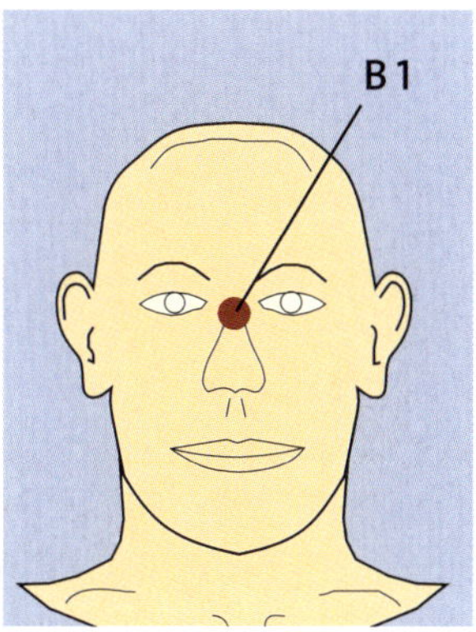

Günstigste Behandlungszeit: morgens von 3 bis 7 Uhr

Nervosität

Eine typische Zeiterscheinung ist die Nervosität. Das Leben von immer mehr Menschen ist heutzutage geprägt von Hektik und negativem Stress in Beruf und Freizeit. Die Nerven werden durch den ständigen Aktionismus und die Reizüberflutung durch den übermäßigen Medienkonsum strapaziert.

Nervosität äußert sich auf der körperlichen Ebene in vielfältigen Symptomen. Besonders auffällig ist eine ständige Übererregbarkeit und Reizbarkeit. Außerdem kann es zu folgenden nervös bedingten Beschwerden und Erscheinungen kommen: roten Flecken im Gesicht und plötzlichen Schweißausbrüchen, Herzbeklemmung und Herzjagen, Magen-Darm-Beschwerden, Kopfschmerzen, Ohrensausen, Schlafstörungen, zittrigen Händen und zuckenden Augenlidern. Falls diese Symptome bei Ihnen längerfristig bestehen, sollten Sie sich unbedingt gründlich medizinisch untersuchen lassen.

Vor einem Vorstellungsgespräch oder einem anderen wichtigen Termin nervös zu sein, ist völlig normal. Erst wenn Sie im Alltag ständig nervös reagieren, sollten Sie misstrauisch sein.

Erholungsphasen sind wichtig

Wenn notwendige Erholungsphasen zu kurz sind, bleiben Nerven und Muskeln in permanenter Anspannung und Betriebsamkeit. Das Gehirn und der Körper können sich nicht mehr genügend ausruhen und werden dadurch dauerhaft überbeansprucht. Als ein erstes Anzeichen dieser Überforderung des vegetativen Nervensystems zeigen sich dann nervöse Symptome. Im Extremfall kann diese Überlastung zu schweren Depressionen führen.

Vor allem bei Nervosität und innerer Unruhe bietet die Akupressur eine wertvolle Hilfe, denn sie harmonisiert die Energien im seelischen Bereich und gleicht Disharmonien aus. Zudem wirkt sie entspannend und beruhigend auf der körperlichen Ebene.

Akupressur bei Nervosität

KG 6 – Qihai
Der 6. Punkt des Konzeptionsgefäßes (»Meer der Energie«) befindet sich oberhalb des Schambeins, etwa 3 Finger breit unterhalb des Bauchnabels. Akupressieren Sie ihn 5 Minuten lang (siehe Abbildung Seite 76).

H 7 – Shenmen
Dieser Druckpunkt (Tor des Geistes genannt) befindet sich in der Handgelenksfalte, etwas unterhalb von deren Mitte.

B 60 – Kunlun
Dieser Punkt des Blasenmeridians befindet sich außen am Fersenbein, knapp oberhalb des Knöchels.

B 62 – Shenmai
Dieser Punkt des Blasenmeridians befindet sich ungefähr 2 Finger breit unterhalb des Knöchels, an der Fußaußenseite.

Wenn Sie oft nervös sind, an unerklärlichen Kopfschmerzen oder Schlaflosigkeit leiden, sollten Sie sich ärztlich untersuchen lassen. Ab dem 35. Lebensjahr kann jeder Kassenpatient alle zwei Jahre einen Gesundheits-Check-up machen lassen.

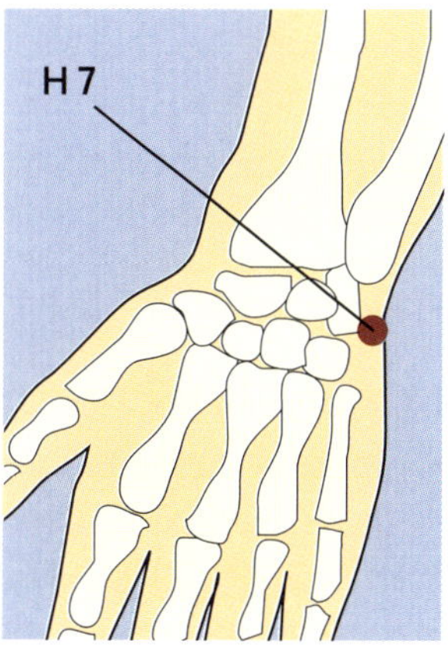

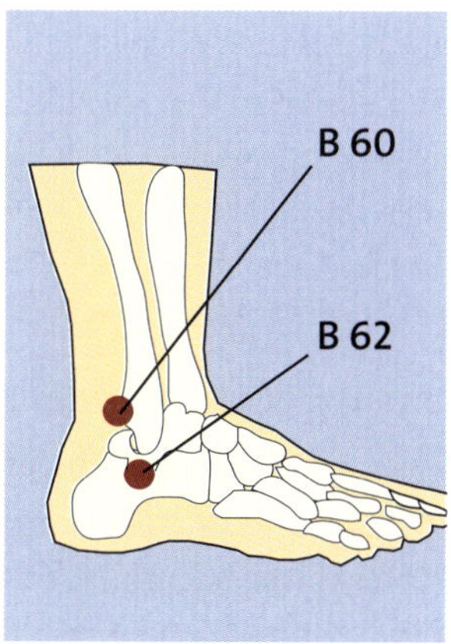

Günstige Behandlungszeiten: mittags von 11 bis 13 Uhr und nachmittags von 15 bis 17 Uhr

Rheumatische Beschwerden

Unter dem Sammelbegriff »Rheumatismus« werden verschiedene entzündliche oder degenerative Gelenk- und Wirbelsäulenkrankheiten zusammengefasst. Zu den rheumatischen Erkrankungen gehört beispielsweise die Arthrose, eine Abnützungserscheinung, die mit Bewegungseinschränkungen und Spannungsgefühl beginnt und im weiteren Verlauf zu Gelenkschmerzen bis hin zur Gelenksteife führt. Arthritis (siehe Seite 42) ist dagegen eine entzündliche Erkrankung der Gelenke, die nacheinander Finger-, Hand-, Schulter-, Knie-, Fuß- und Hüftgelenke betreffen kann. In den schlimmsten Fällen kann der Betroffene im Rollstuhl landen.

Wenn Sie Medikamente gegen rheumatische Beschwerden einnehmen, sollten Sie dies nur unter ärztlicher Kontrolle tun.

Der so genannte Weichteilrheumatismus befällt nicht die Gelenke direkt, sondern die umgebenden Sehnen, Nerven und Muskeln. Bekannteste Beispiele sind der Tennisarm oder die akute Schulter mit Schmerzen im Ellbogen- bzw. im Schultergelenk.

Die Ursachen

Den rheumatischen Beschwerden liegt oft eine jahrzehntelange Überbeanspruchung der Gelenke zugrunde, vielfach sind auch eine ungesunde Lebens- und Ernährungsweise oder eine vorzeitige Gelenkalterung ausschlaggebend. Daneben spielen genetische Faktoren und immunologische Prozesse eine entscheidende Rolle bei der Entstehung der Erkrankungen.

Akupressur als Therapieunterstützung

Mit Akupressur können die Beschwerden – insbesondere die Schmerzen – gelindert und auf eine sanfte, schonende Weise behandelt werden. Diese Therape dient der Ergänzung der ärztlichen Maßnahmen.

Akupressur bei rheumatischen Beschwerden

MP 6 – Sanyinjiao

Dieser Punkt des Milz-Pankreas-Meridians, Treffpunkt der drei Yin genannt, befindet sich an der Innenseite des Unterschenkels, 3 Finger breit über dem Knöchel. Akupressieren Sie den Punkt etwa 5 Minuten lang mit mittlerem Druck.

DÜ 11 – Jianyu

Dieser Druckpunkt befindet sich ungefähr auf der Höhe des 4. Brustwirbels am Schulterblatt (siehe Abbildung Seite 43).

Durch Krankengymnastik und Atemübungen können Sie rheumatische Beschwerden ebenfalls lindern.

3E 3 – Zhongzu

Dieser Punkt des Dreifachen-Erwärmer-Meridians befindet sich am Grundgelenk des Ringfingers.

B 60 – Kunlun

Dieser Punkt des Blasenmeridians befindet sich außen am Fersenbein, knapp oberhalb des Knöchels.

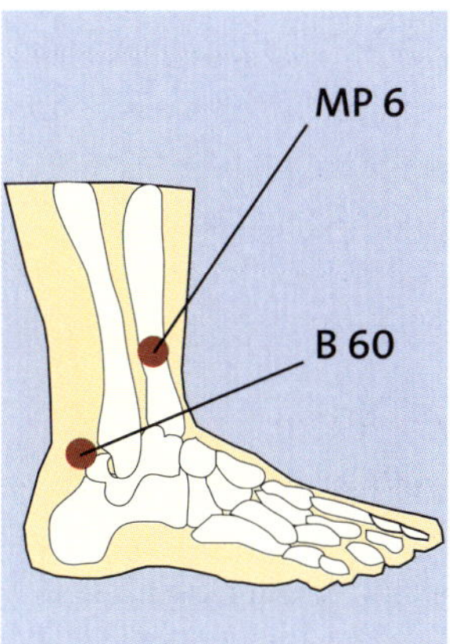

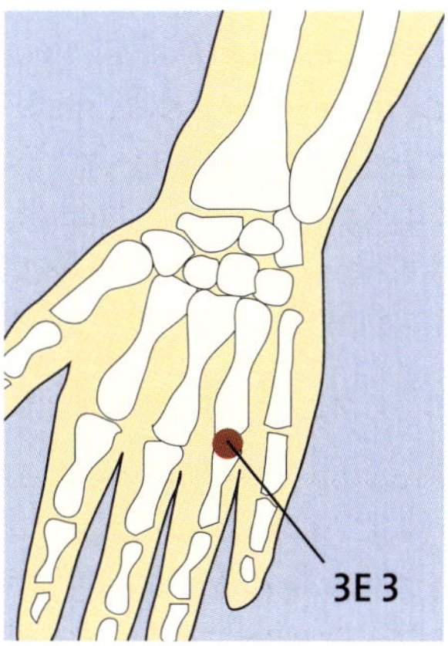

Günstige Behandlungszeiten: frühmorgens bis 7 Uhr, nachmittags von 15 bis 17 Uhr und abends von 21 bis 23 Uhr

Rückenschmerzen

Mehr als 20 Prozent der Bevölkerung, darunter immer mehr junge Menschen, leiden unter Rückenproblemen. Es handelt sich dabei um einfache Schwäche- und Abnutzungserscheinungen, um rheumatische Erkrankungen oder Bandscheibenvorfälle.

Immer wiederkehrende Rückenschmerzen sind meist bedingt durch eine ständige Überbelastung der Wirbelsäule und des Stützapparats aufgrund einer falschen Haltung bei sitzender Tätigkeit, zu langem Stehen, Übergewicht und Bewegungsmangel. Die Muskulatur im Nacken-, Schulter- und Rückenbereich verspannt sich, und es treten dabei Schmerzen auf, die bis in den Kopf ausstrahlen können. Gegen diese Beschwerden helfen krankengymnastische Übungen und Massagen. Die Gründe für die Probleme mit dem Rücken können aber auch tiefer liegen – im psychischen Bereich.

Auch seelische Ursachen

Bei Rückenbeschwerden spielen geistig-seelische Belastungen eine wichtige Rolle. Viele Menschen neigen dazu, sich – bildlich gesprochen – übermäßig viele Probleme aufzuladen. Die mangelnde Bereitschaft oder Fähigkeit, sich die Probleme im Gespräch mit anderen von der Seele zu reden, kann bei ihnen dazu führen, dass Sorgen, ungelöste Konflikte und Zukunftsängste wie ein Alpdruck auf den Schultern lasten. Viele Menschen leiden an solchen psychisch bedingten körperlichen Muskelverspannungen – meist im Wirbelsäulenbereich.

Richtiges Sitzen und Heben

Die Rückenbelastung wird vermindert, wenn Sie gerade sitzen und die Wirbelsäule von der Stuhllehne abstützen lassen. Sitzen Sie nicht mit gebeugtem Rücken! Sie sollten eine Last nie mit gebeugtem Rücken und gestreckten Knien anheben. Besser ist es, wenn die Knie angewinkelt sind und der Rücken gerade bleibt.

Akupressur bei Rückenschmerzen

KG 6 – Qihai
Der 6. Punkt des Konzeptionsgefäßes, Meer der Energie genannt, befindet sich oberhalb des Schambeins, etwa 3 Finger breit unterhalb des Bauchnabels (siehe Abbildung Seite 76).

B 54 – Zhibian
Dieser Punkt (»Befehlende Mitte«) befindet sich auf der Rückseite des Beins in der Mitte der Kniekehle. Akupressieren Sie ihn mit sanftem Druck ungefähr 3 Minuten lang.

B 31 – Shangliao
Dieser Punkt befindet sich in der Vertiefung des Kreuzbeins, etwas oberhalb des Gesäßes. Drücken Sie ihn etwa 10 Minuten lang sanft.

LG 2 – Yaoshu
Der 2. Punkt des Lenkergefäßes befindet sich am oberen Ende der Pofalte, zwischen Kreuz- und Steißbein.

Abnutzungserscheinungen der Bandscheiben und anderer Wirbelsäulenelemente sind oft die Ursache für chronische Rückenschmerzen.

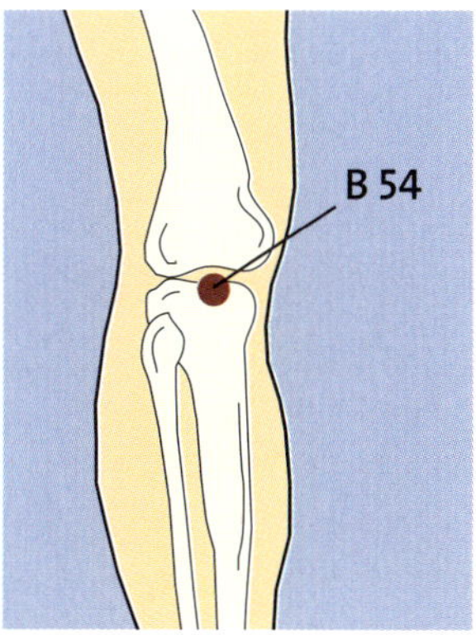

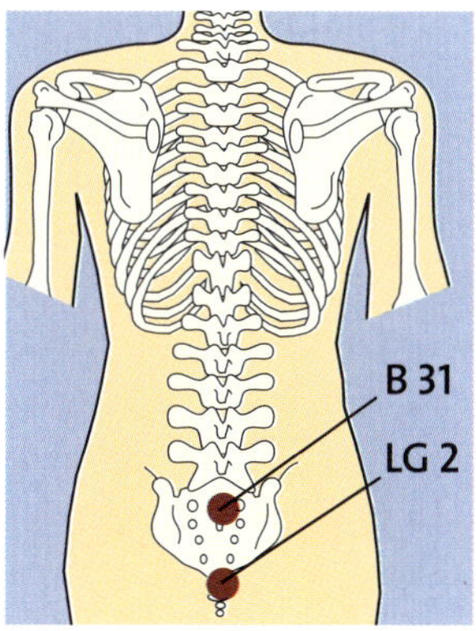

Günstigste Behandlungszeit: nachmittags von 15 bis 17 Uhr

Schlafstörungen

Auch ungesunde Lebens- und Arbeitsbedingungen wie etwa Schicht- oder Nachtarbeit können zu chronischen Schlafstörungen führen, weil unter diesen Bedingungen der Schlaf-wach-Rhythmus gestört ist.

Wer zu wenig oder sehr unruhig schläft, beginnt den nächsten Tag meist unausgeschlafen, müde und unkonzentriert. Dies sind jedoch nur die kurzfristigen Folgen. Wenn die Schlafstörungen länger andauern, kann sich dies äußerst negativ auf das Allgemeinbefinden auswirken. Sie sollten deshalb versuchen, den Tag gut ausgeschlafen zu beginnen.
Medizinische Schätzungen gehen davon aus, dass etwa ein Drittel der Bevölkerung in Deutschland an Schlafstörungen leidet. Ungefähr die Hälfte der betroffenen Personen ist behandlungsbedürftig.
Viele Menschen mit Schlafproblemen neigen dazu, ausschließlich psychische Überlastung für das Problem verantwortlich zu machen. Dies muss aber nicht immer der Fall sein. Es gibt auch Krankheiten, die Schlafstörungen zur Folge haben: beispielsweise Herzkrankheiten, Bluthochdruck, rheumatische Erkrankungen, Asthma oder starkes Schnarchen. Außerdem können minderwertige Matratzen, unregelmäßige Schlafzeiten und mangelnde Bewegung zu Schlafstörungen führen.

Ein gut gelüftetes, nicht zu warmes Schlafzimmer und ein kurzer Spaziergang vor dem Zubettgehen garantieren tiefen, erholsamen Schlaf.

Akupressur bei Schlafstörungen

KG 4 – Guanyuan

Der 4. Punkt des Konzeptionsgefäßes befindet sich oberhalb des Schambeins, knapp unter dem Bauchnabel (siehe Abbildung Seite 76). Akupressieren Sie ihn mit sanftem Druck etwa 5 Minuten lang.

Yin Tang

Dieser Spezialpunkt befindet sich genau in der Mitte zwischen den Augenbrauen – auf dem so genannten Dritten Auge. Akupressieren Sie ihn etwa 5 Minuten lang kräftig.

M 36 – Zusanli

Der »Dreimeilenpunkt« befindet sich unterhalb der Kniescheibe außen am Schienbein. Er verbessert den Energiefluss in allen Meridianen und gleicht Disharmonien aus. Außerdem fördert er die Tätigkeit der Verdauungsorgane und wirkt sich günstig auf das Immunsystem aus. Akupressieren Sie diesen Punkt 5 bis 10 Minuten lang mit mittlerem Druck.

Der traditionellen chinesischen Medizin zufolge kann auch eine ungleiche Energieverteilung in den Meridianen Schlafprobleme verursachen. Diese Disharmonien können durch Akupressur ausgeglichen werden.

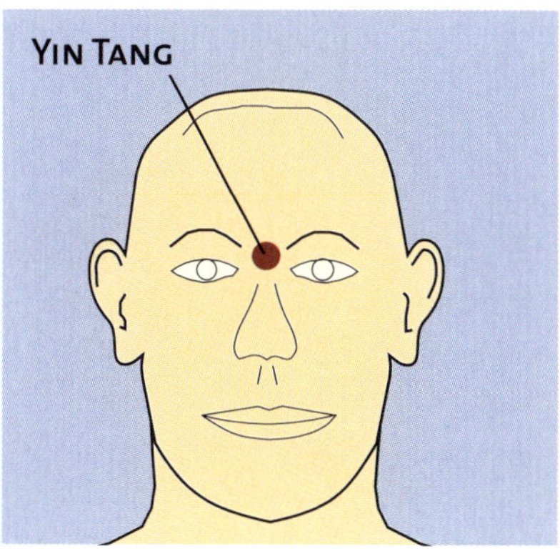

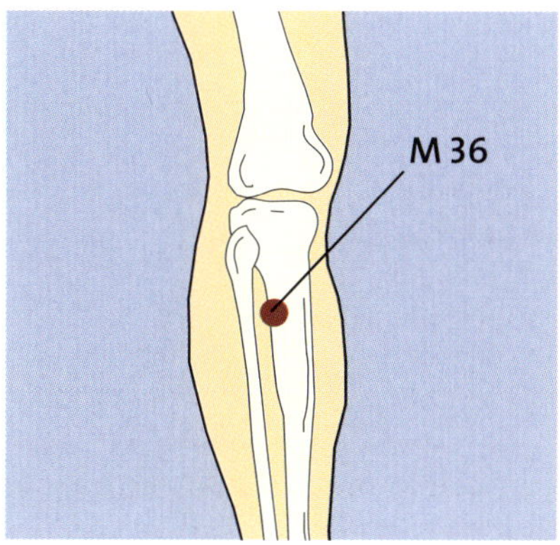

Schuppenflechte (Psoriasis)

Die übermäßige Schuppung bei der Psoriasis kommt dadurch zustande, dass die Produktion neuer Hornhautzellen um das Zehnfache gesteigert ist.

Die Schuppenflechte (Psoriasis) ist eine der häufigsten Hauterkrankungen. In Deutschland leiden etwa zwei Prozent der Bevölkerung darunter. Die Krankheit ist übrigens sehr alt – sie war bereits in der Antike bekannt. Die typische Hautveränderung bei dieser Erkrankung ist eine rundlich ovale Hautrötung, die von silbrig glänzenden, lockeren Schuppen bedeckt wird. Bevorzugt von Schuppenflechte befallene Körperstellen sind der behaarte Kopf, die Streckseiten der Knie und Ellbogen sowie Handteller und Fußsohlen. Es können aber auch alle anderen Hautbereiche betroffen sein. Manchmal besteht zudem ein Juckreiz. Im Krankheitsverlauf kommt es oft zu Veränderungen der Finger- und Zehennägel. Auf der Oberfläche der Nägel entstehen kleine Krater, die etwa so groß wie ein Stecknadelkopf sind – so genannte Tüpfelnägel. Außerdem können Herde im Nagelbett eine gelbliche bis braunrote Verfärbung des Nagels verursachen, die als Ölflecken bezeichnet werden.

Heilung durch Klimaveränderung

Wenn Sie an Schuppenflechte leiden, sollten Sie es einmal mit einem Klimawechsel als Therapie versuchen. Besonders empfehlenswert sind Klimakuren in sonnigen und heißen Gegenden, an Meeresstränden oder im Hochgebirge. Fast jeder starke Klimareiz kann bei chronischen Hauterkrankungen eine Besserung oder zumindest eine Linderung der Beschwerden herbeiführen. Sie sollten sich jedoch ausreichend Zeit nehmen, ein Kurzurlaub genügt nicht. Sie sollten sich zumindest sechs Wochen dem veränderten Klima aussetzen.

Die Psoriasis ist eine Krankheit, bei der die erbliche Veranlagung eine Rolle spielt. Der Zeitpunkt des ersten Auftretens der Psoriasis, der Verlauf und der Ausprägungsgrad der Erkrankung sind sehr unterschiedlich und lassen sich nicht vorhersagen. Häufig kommt es zu plötzlichen Schüben. Psychische Belastung kann ein Auslösefaktor für einen Schub sein. Viele Betroffene haben jedoch schon Erfahrungen mit der Krankheit und wissen, welche Einflüsse einen neuen Schub auslösen können. Mit Akupressur können Sie die unangenehmen Beschwerden bei einer Schuppenflechte spürbar lindern. Zudem sorgt Akupressur für einen ausgeglichenen Seelenzustand, was bei Schuppenflechte sehr wichtig ist.

Die Haut ist bei Schuppenflechte meist sehr trocken und fettarm, weshalb leicht Risse entstehen können. Eine konsequente Hautpflege mit fetthaltigen Cremes und Lotionen ist daher von großer Wichtigkeit.

Akupressur bei Schuppenflechte

N 1 – Yongquan
Der 1. Punkt des Nierenmeridians befindet sich auf der Fußsohle, von der Mittelfalte ausgehend etwas nach außen auf der Höhe des Fußballens. Akupressieren Sie ihn etwa 5 Minuten lang kräftig.

N 2 – Rangu
Der 2. Punkt des Nierenmeridians befindet sich auf der Fußinnenseite, knapp unterhalb des Kahnbeinvorsprungs. Drücken Sie ihn 5 Minuten lang kräftig.

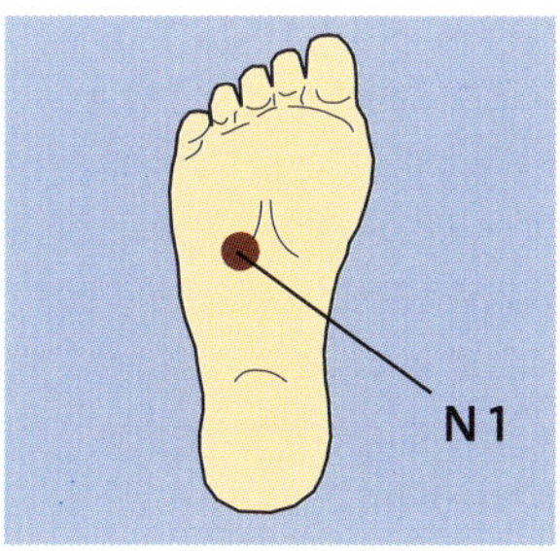

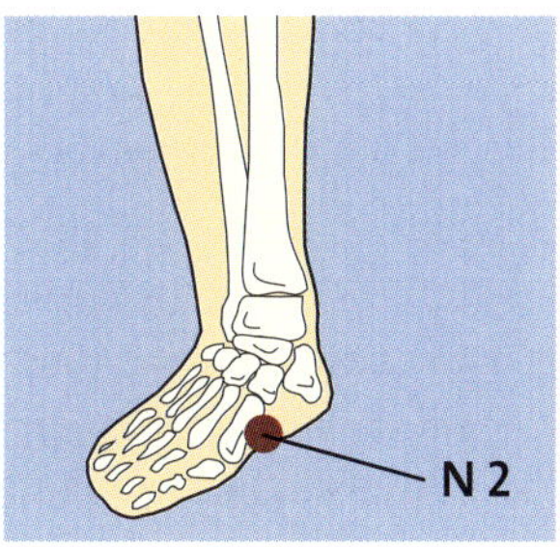

Günstigste Behandlungszeit: abends von 17 bis 18 Uhr

Tennisarm

Um einen Tennisarm zu bekommen, müssen Sie keinen einzigen Vorhandreturn geschlagen haben. Der Tennisarm ist das Zeichen einer starken Überbelastung des Ellbogengelenks. Jede gleichförmig wiederholte Bewegung des Arms kann, wenn sie mit einiger Kraft ausgeführt wird, zu dieser Form des Weichteilrheumatismus führen. Wer Heimwerkerarbeiten macht oder samstags sein Auto liebevoll poliert, ist genauso gefährdet wie Angehörige bestimmter Berufsgruppen.

Vorsicht! Beim Tennisarm gibt es oft Fehldiagnosen. Lassen Sie Ihre Beschwerden vor einer Selbst behandlung zuerst von einem Arzt Ihres Vertrauens diagnostizieren.

Beim Tennisarm werden Sehnen und Muskeln, die in der Nähe des Ellbogengelenks ansetzen, in Mitleidenschaft gezogen. Während man früher schnell mit dem Operationsmesser zur Hand war, kann heute durch das Tragen einer unauffälligen Elastikbinde die Gelenkumgebung wieder schonend in Form gebracht werden.

Akupressur lindert die Schmerzen und lockert Verkrampfungen. Dies trägt dazu bei, dass die entzündeten Muskel- und Sehnenansätze schneller verheilen können.

Heimarbeit kann es in sich haben: Wer körperliche Anstrengung nicht gewohnt ist, sollte sich mit Pausen, abwechslungsreicher Tätigkeit und Gymnastik vor unangenehmen Folgen schützen.

Akupressur bei einem Tennisarm

DÜ 4 – Wangu

Der 4. Punkt des Dünndarmmeridians befindet sich am Innenrand der Hand, knapp oberhalb des Handgelenks. Drücken Sie ihn 5 Minuten lang kräftig.

DÜ 8 – Xiaohai

Der 8. Punkt des Dünndarmmeridians befindet sich an der Innenseite des Ellbogengelenks. Drücken Sie ihn 5 Minuten lang mit mittlerer Stärke.

DI 10 – Shousanli

Dieser Punkt des Dickdarmmeridians befindet sich an der Außenseite des Unterarms, etwa 3 Finger breit unterhalb des Ellbogengelenks.

DI 11 – Quchi

Dieser Punkt des Dickdarmmeridians befindet sich am äußeren Ende der Ellenbeuge.

Zu einem Tennisarm kann jede gleichförmige Bewegung des Arms führen, die über eine sehr lange Zeit hinweg ausgeführt wird: z. B. das Tippen am Computer oder das Anziehen von Schrauben.

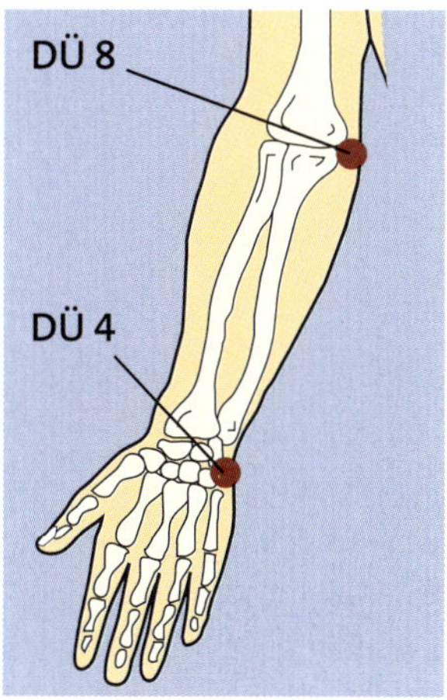

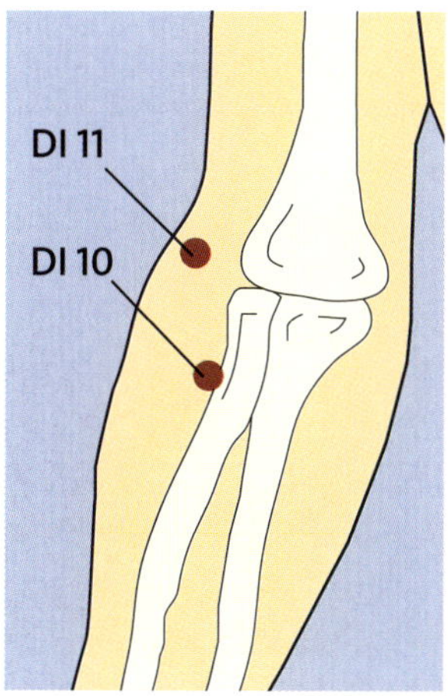

Günstigste Behandlungszeiten: frühmorgens bis 7 Uhr und nachmittags von 13 bis 15 Uhr

Verstopfung

Wenn der Stuhlgang über einen Zeitraum von mehr als drei Tagen ausbleibt, spricht man von einer Verstopfung (Obstipation). Der Stuhl ist dabei hart und trocken. Die Entleerung des Darms kann äußerst schmerzhaft sein. Häufig bleibt danach das Gefühl einer nur unvollständigen Darmentleerung zurück.

Nach den Empfehlungen der Deutschen Gesellschaft für Ernährung (DGE) sollte die Ballaststoffaufnahme mindestens 30 Gramm pro Tag betragen.

Der tägliche Stuhlgang muss nicht die Regel sein. Eine dreimalige Darmentleerung in der Woche wird aus medizinischer Sicht noch als normal angesehen. Erst wenn die Zeitabstände größer werden, handelt es sich um eine Verstopfung.

Eine Verstopfung entsteht meist durch folgende Faktoren: fettreiche und ballaststoffarme Ernährung, zu geringe Flüssigkeitsaufnahme, Bewegungsmangel oder auch Missbrauch von Abführmitteln. Zudem spielen psychische Probleme eine wichtige Rolle. Wer im emotionalen Bereich schwer loslassen kann, hat auch auf der körperlichen Ebene oft Schwierigkeiten damit.

Akupressur kann Ungleichgewichte im körperlichen und seelischen Bereich harmonisieren und die Verdauungsprozesse stimulieren.

Die richtige Ernährung bei Verstopfung

Sie sollten bei Verstopfung insbesondere mehr ballaststoffreiche Nahrungsmittel essen. Diese pflanzlichen Faserstoffe fördern die Verdauung und senken nebenbei auch Ihren Cholesterinspiegel. Die wichtigsten Nahrungsmittel mit einem hohen Anteil an Ballaststoffen sind: Getreideprodukte aus dem vollen Korn (Nudeln, Reis, Flocken, Brot), Hülsenfrüchte (Bohnen, Erbsen, Linsen), Gemüse und Obst.

Akupressur bei Verstopfung

KG 6 – Qihai
Der 6. Punkt des Konzeptionsgefäßes, auch Meer der Energie genannt, befindet sich oberhalb des Schambeins, etwa 3 Finger breit unterhalb des Bauchnabels (siehe Abbildung Seite 76).

Eine fett- und cholesterinarme Ernährung mit viel frischem Obst und Gemüse ist eine ideales Mittel gegen Verstopfung.

M 36 – Zusanli
Der »Dreimeilenpunkt« befindet sich unterhalb der Kniescheibe außen am Schienbein. Er verbessert den Energiefluss in allen Meridianen und wirkt stimulierend auf die Verdauung. Akupressieren Sie diesen Punkt 5 bis 10 Minuten lang mit mittlerem Druck.

DI 10 – Shousanli
Dieser Punkt des Dickdarmmeridians befindet sich an der Außenseite des Unterarms, etwa 3 Finger breit unterhalb des Ellbogengelenks.

Günstigste Behandlungszeit: morgens von 7 bis 11 Uhr

DI 11 – Quchi
Dieser Punkt des Dickdarmmeridians befindet sich am äußeren Ende der Ellenbeuge.

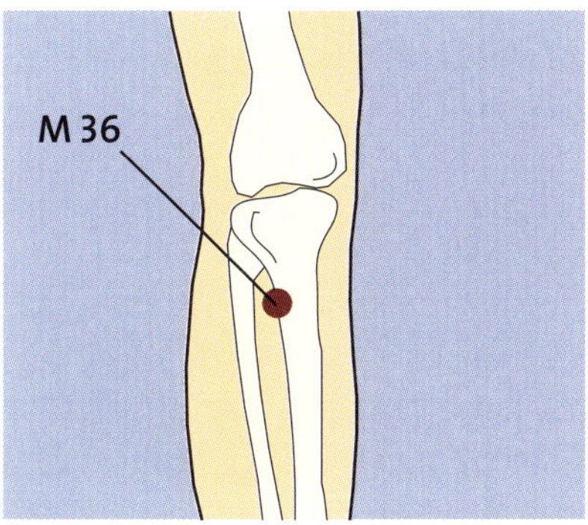

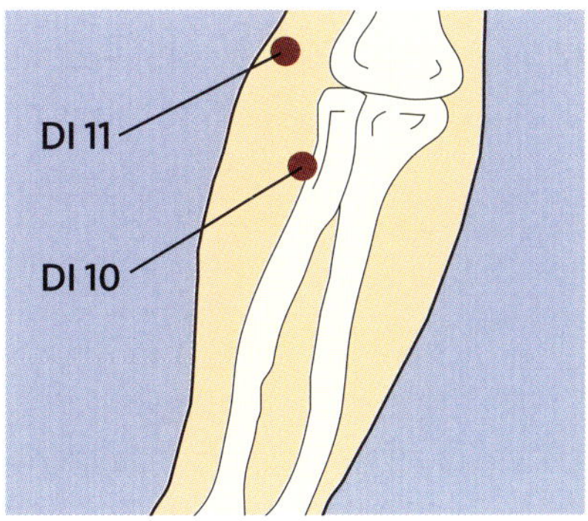

Wechseljahrebeschwerden

In den Wechseljahren (Klimakterium) kommt es im Körper der Frau zu größeren hormonellen Umstellungen. Diese führen zu körperlichen Veränderungen, die in der medizinischen Fachsprache als klimakterische Ausfallerscheinungen bezeichnet werden. Diese wiederum können sowohl körperliche als auch seelische Beschwerden verursachen. Es gibt allerdings auch Frauen, die von ihren Wechseljahren gar nichts merken.

Der Zeitpunkt der letzten Menstruation, der meist zwischen dem 45. und dem 50. Lebensjahr liegt, wird als Menopause bezeichnet.

Typische Beschwerden in dieser Lebensphase einer Frau sind beispielsweise: Hitzewallungen, Nachtschweiß, Sensibilitätsstörungen (z. B. Kribbeln in den Fingern), Herzbeschwerden, Schwindelgefühle, Bluthochdruck und Blasenbeschwerden auf der körperlichen Ebene sowie Niedergeschlagenheit, Nervosität, depressive Verstimmungen, Angstgefühle, Antriebsschwäche und Konzentrationsschwierigkeiten im psychischen Bereich.

Die Hauptursache für diese Beschwerden besteht im Nachlassen der Leistungsfähigkeit der Eierstöcke. Die verminderte Produktion von Östrogen in den Eierstöcken führt über einen Rückkopplungsmechanismus der Hirnanhangsdrüse (Hypophyse) zu einer verstärkten Ausschüttung von Hypophysenhormonen mit dem Ziel, die Eierstocktätigkeit nochmals anzuregen, was aber dann nicht mehr gelingt.

So hilft Akupressur

Das Akupressieren von harmonisierenden und stabilisierenden Punkten unterstützt auf schonende Weise die Veränderungs- und Umstellungsprozesse von Körper und Psyche in den Wechseljahren. Schmerzen werden durch Akupressur wirksam gelindert und schulmedizinische Therapien sinnvoll ergänzt.

Akupressur gegen Wechseljahrebeschwerden

M 36 – Zusanli

Der »Dreimeilenpunkt« befindet sich unterhalb der Kniescheibe außen am Schienbein. Er verbessert den Energiefluss in allen Meridianen und wirkt ausgleichend und beruhigend. Akupressieren Sie ihn 5 bis 10 Minuten lang mit mittlerem Druck (siehe Abbildung Seite 97).

Wenn Sie Hormonpräparate während der Menopause einnehmen, sollten Sie dies nur unter ärztlicher Aufsicht und nach vorausgegangener Untersuchung tun.

MP 6 – Sanyinjiao

Dieser Punkt (»Treffpunkt der drei Yin«) befindet sich an der Innenseite des Unterschenkels, 3 Finger breit über dem Knöchel (siehe Abbildung Seite 87).

LU 9 – Taiyuan

Der 9. Punkt des Lungenmeridians befindet sich am äußeren Ende der Handgelenksfalte, auf der Innenseite des Unterarms in der unmittelbaren Nähe des Daumengelenks. Akupressieren Sie den Punkt 3 bis 5 Minuten lang mit mittlerem Druck.

Spezialpunkt

Dieser Punkt befindet sich im Grübchen des Kinns. Drücken Sie ihn täglich mehrmals kräftig 3 Minuten.

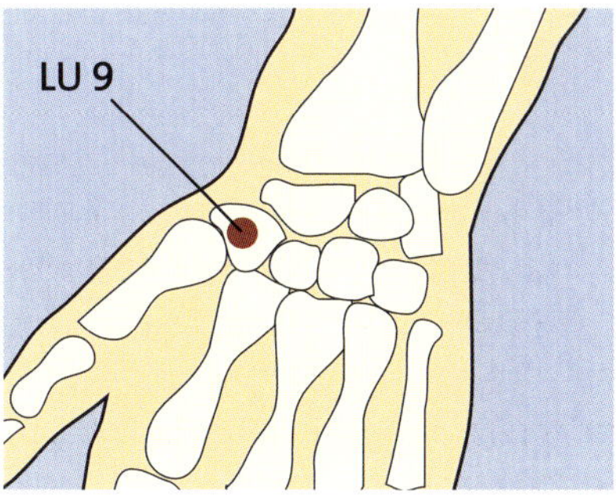

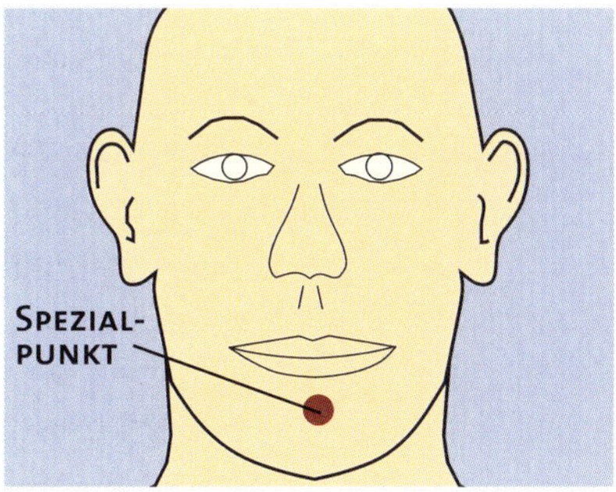

Wetterfühligkeit

Wenn Föhnwolken beispielsweise im Alpenvorland den letzten Tag einer Schönwetterperiode ankündigen und noch einen sonnigen Tag versprechen, bevor es wieder zu regnen beginnt, ist dies für viele Menschen ein gutes Zeichen – etwa für die an diesem Tag geplante Bergtour. Für andere wiederum ist der Föhn ein Katastrophenwetter. Sie gehören zu den so genannten wetterfühligen oder wettersensiblen Personen. Es handelt sich hierbei nicht um Einbildung, sondern um eine oft schmerzhafte Realität für diese Menschen.

Bei Föhnwetterlage besteht für wettersensible Menschen mit Herz-Kreislauf-Problemen eine erhöhte Gefahr. Der Wetterumschwung kann bei diesen Personen Kreislaufkollaps, Thrombose und Herzinfarkt auslösen.

Zwei von drei Personen in Deutschland leiden an Wetterfühligkeit, dies schätzen die Experten für Bioklima des Deutschen Wetterdienstes. Die Betroffenen reagieren auf die Veränderungen der atmosphärischen Einflüsse wie Temperatur, Feuchtigkeit oder Luftdruck. Als Symptome der Wetterfühligkeit gelten bei entsprechend empfindlichen Menschen Konzentrationsstörungen, Müdigkeit, Schlafstörungen und Kopfschmerzen. Elektromagnetische Feldveränderungen spielen bei der Wetterfühligkeit vermutlich eine wesentliche Rolle.

Eine Frage der individuellen Konstitution

Wieso spüren die einen den Wetterumschwung, die anderen wiederum überhaupt nichts? Ein wichtiger Grund liegt in der individuellen Konstitution eines Menschen. Diese hängt wesentlich von der Widerstandskraft des vegetativen Nervensystems ab. Dabei verfügt der so genannte wetterstabile Typ über eine höhere nervliche Reizschwelle als der wetterfühlige Typ.

Mit Akupressur können Sie die Beschwerden, die Ihnen der Wetterumschwung bereitet, lindern und Ihre körperliche Konstitution stärken.

Akupressur bei Wetterfühligkeit

B 1 – Jingming
Der 1. Punkt des Blasenmeridians befindet sich exakt an der Nasenwurzel. Akupressieren Sie ihn 5 Minuten lang kräftig.

LG 26 – Shuigou
Dieser Punkt befindet sich im Oberlippengrübchen zwischen den beiden Hautfalten. Akupressieren Sie diesen Druckpunkt etwa 5 Minuten lang mit mittlerer Stärke.

Personen mit Kreislaufproblemen, die einen sehr niedrigen Blutdruck haben, gehören oft zu den Wetterfühligen.

DI 4 – Hegu
Pressen Sie Ihren Daumen an den ausgestreckten Zeigefinger; dadurch bildet sich eine Muskelwölbung auf dem Handrücken. An der höchsten Stelle dieser Erhebung liegt der 4. Punkt des Dickdarmmeridians (»Verbindung mit dem Tal«).

Yin Tang
Dieser Spezialpunkt befindet sich genau in der Mitte zwischen den Augenbrauen. Akupressieren Sie ihn etwa 5 Minuten lang kräftig.

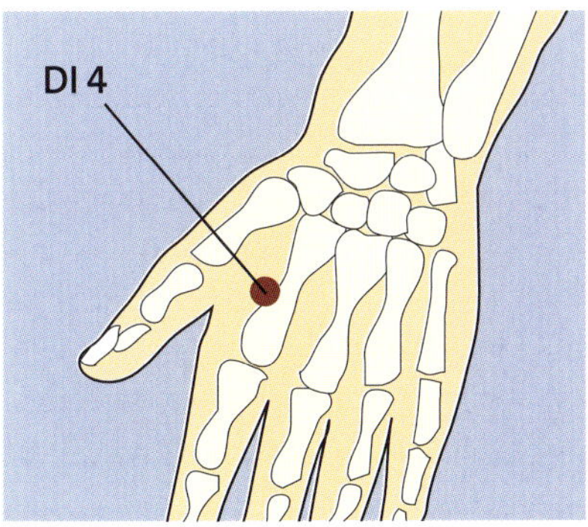

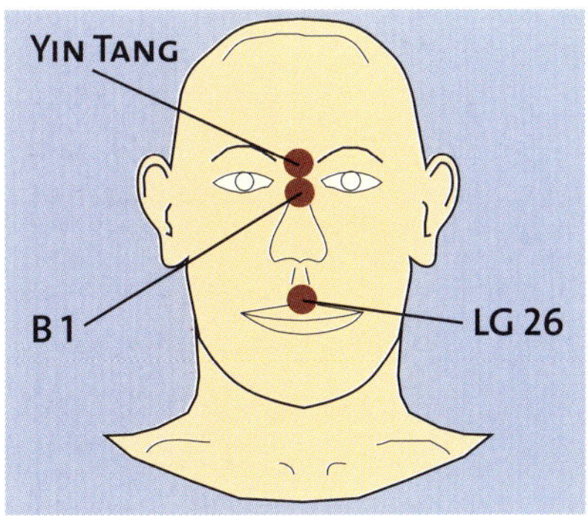

Zahnschmerzen

Wenn der Zahnschmerz warnt, ist es meist schon zu spät. Nur regelmäßige Vorsorgeuntersuchungen können Karies rechtzeitig aufspüren und weitere Schäden verhindern.

Zahnschmerzen können aus ganz unterschiedlichen Gründen auftreten. Beispielsweise können kalte oder heiße Speisen und Getränke vorübergehende Zahnschmerzen bewirken. Sie deuten auf eine Schädigung des Zahnschmelzes hin. Dagegen sind spontane Schmerzattacken ein Anzeichen für eine Entzündung des Zahnmarks. Andauernder heftiger Zahnschmerz deutet auf eine starke Entzündung des Marks oder auf eine Zahnwurzelentzündung hin. Diese Entzündungen werden in der Regel durch eine fortgeschrittene Karies (Zahnfäule) verursacht.

Es können jedoch auch psychische Ursachen zu Zahnschmerzen führen. Hier ist auch das nächtliche Zähneknirschen im Schlaf zu nennen, das zu massiven Schäden am Gebiss führen kann.

Egal welche Schädigungen und Beschwerden vorliegen, sie gehören in jedem Fall in zahnärztliche Behandlung, denn nur ein Zahnarzt kann die Ursache diagnostizieren und die entsprechende Behandlung einleiten. Mit Akupressur können Sie jedoch Zahnschmerzen wirksam lindern und die zahnärztliche Therapie sinnvoll begleiten.

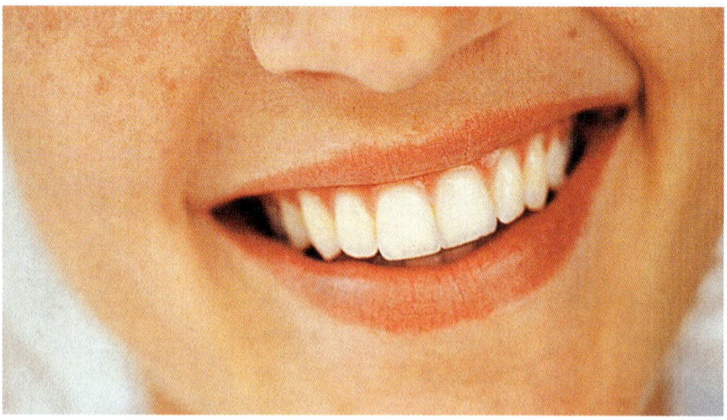

Wer sich richtig ernährt, hat gut lachen: Kalziumreiche Lebensmittel stärken den Zahnschmelz und beugen Karies vor.

Akupressur bei Zahnschmerzen

DI 4 – Hegu
Pressen Sie Ihren Daumen an den ausgestreckten Zeigefinger; dadurch bildet sich eine Muskelwölbung auf dem Handrücken. An der höchsten Stelle dieser Erhebung liegt der Punkt DI 4 (»Verbindung mit dem Tal«).

Süßigkeiten und Zucker sind ein idealer Nährboden für Säure spaltende Bakterien, die den schützenden Zahnschmelz gefährden.

3E 8 – Sanyanglo
Dieser Punkt befindet sich 1 Hand breit über der Handgelenksfalte zwischen Elle und Speiche.

M 6 – Jiache
Der 6. Punkt des Magenmeridians befindet sich über dem Kaumuskel, kurz vor dem Unterkieferwinkel. Diesen Punkt sollten Sie insbesondere bei Schmerzen im Bereich des Oberkiefers akupressieren.

M 7 – Xiaguan
Dieser Punkt des Magenmeridians befindet sich in der kleinen Vertiefung des Kiefergelenks. Dieser Akupressurpunkt bewährt sich vor allem bei Schmerzen im Unterkieferbereich.

Günstigste Behandlungszeiten: morgens von 5 bis 9 Uhr und abends von 21 bis 23 Uhr

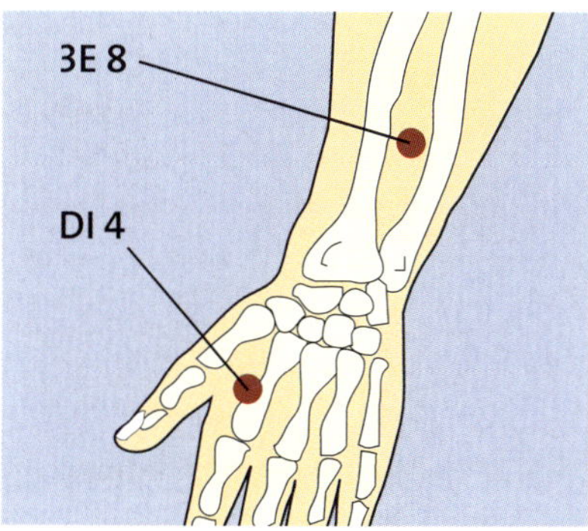

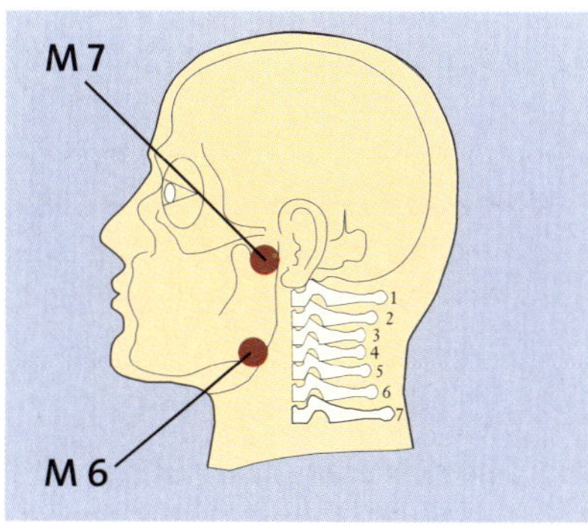

Shiatsu – eine moderne Methode mit Tradition

Shiatsu in seiner heutigen Form entstand erst zu Beginn dieses Jahrhunderts, als der Begriff von dem japanischen Therapeuten Tamai Tempaku geprägt wurde. Die Wurzeln dieser Heilmassage reichen jedoch weit in die traditionelle asiatische Medizin zurück.

Die Geschichte der japanischen Heilmassage

Die Geschichte der »Kunst der Berührung« lässt sich bis in die Zeit um 500 v. Chr. zurückverfolgen. Damals wurde in China ein System von Übungen zur Erhaltung des gleichmäßigen Flusses der Lebensenergien eingeführt. Diese Therapiemethoden, die auch die Selbstbehandlung durch Massagen und Druckpunkttechniken umfassten, wurden als Tao Yin bekannt.

Zwischen dem 7. und 9. Jahrhundert n. Chr. kam dieses Übungssystem zusammen mit anderen chinesischen Heilmethoden nach Japan. Dort wurden viele Methoden aus dem Reich der Mitte im Rahmen der eigenen kulturellen und medizinischen Traditionen weiterentwickelt. Daraus entstand die Massageform »Anma«, das Drücken, Klopfen, Schieben und Reiben bestimmter Punkte, also gewissermaßen die Urform des heutigen Shiatsu, das sich nur noch des ruhigen, sanften Drucks bedient. Bis ins 16. Jahrhundert mussten japanische Ärzte Anma erlernen, danach diente diese Massage lediglich zur Lockerung von Muskelverspannungen, bis sie zu Beginn des 20. Jahrhunderts nur noch als »angenehme Vergnügung« galt, der jede gesundheitliche Wirkung abgesprochen wurde.

Die rettende Idee

Findige Anmatherapeuten machten jedoch aus der Not eine Tugend und erschufen den Begriff »Shiatsu« (Fingerdruck). Wegen der einfachen, zugleich aber wirksamen Technik wurde die japanische Heilmassage immer beliebter. Es dauerte aber noch bis zum Jahr 1964, erst dann wurde Shiatsu offiziell als Therapiemethode anerkannt und von seiner Vorgängerin Anma abgegrenzt.

Der Siegeszug des Shiatsu

In den siebziger Jahren kam Shiatsu schließlich auch nach Europa und in die USA. Bis dahin wurde die Heilmassage nur von wenigen asiatischen Therapeuten in der westlichen Welt angewandt. Seitdem sich die westlichen Therapeuten in die Geheimnisse dieser hohen Heilkunst einweihen lassen, ist der Siegeszug des Shiatsu hierzulande kaum noch aufzuhalten.

Dasselbe Ziel auf verschiedenen Wegen

Akupressur und Shiatsu basieren auf der gleichen Weltanschauung – Energieaktivierung und Heilung durch Berührung –, unterscheiden sich aber in einigen wichtigen Punkten. So versucht die Akupressur mit bestimmten, auf den Meridianen liegenden Druckpunkten besondere körperliche, geistige und seelische Reaktionen hervorzurufen.

Entsprechend versucht sie über die Druckpunkte ein schwaches Qi anzuregen, ein überaktives zu beruhigen und ein blockiertes zu zerstreuen. Dagegen zielt Shiatsu nicht auf spezielle Punkte, sondern auf die Meridiane als Ganzes und deren Beziehung zueinander. Es wird dabei davon ausgegangen, dass ein Energiemangel (»Kyo«) in einem Meridian mit einem Energieüberschuss (»Jitsu«) in einem anderen Meridian einhergeht. Diese Ungleichgewichte im Geist-Körper-System spiegeln schließlich Krankheiten wider. Kurz gesagt: Akupressur versucht, den Energiefluss über bestimmte Punkte zu regulieren, während Shiatsu sich hierzu auf die Meridiane als solche konzentriert.

Aus diesem grundsätzlichen Unterschied ergibt sich eine Verschiedenartigkeit der Techniken: Beim Shiatsu wird der Druck nicht nur punktuell mit den Fingerspitzen ausgeübt, sondern auch mit Handflächen, Ellbogen und Knie. Einige Behandlungsarten fordern dem Anwender eine gewisse Gelenkigkeit ab.

Ideal zur Gesundheitsvorsorge

Aufgrund dieser Unterschiede ist Shiatsu weniger zur gezielten Behandlung ganz bestimmter Beschwerden geeignet – wie dies bei Akupressur der Fall ist –, sondern dient vorzugsweise der Gesundheitsvorsorge sowie der Erhaltung des körperlichen und geistig-seelischen Wohlbefindens. Dieser vorbeugende Charakter der japanischen Heilmassage bedeutet jedoch keineswegs, dass mit Hilfe von Shiatsu nicht auch eine ganze Reihe von Alltagsbeschwerden positiv beeinflusst und gelindert werden kann.

Akupressur mit Kindern

Die Akupressur bietet sich aufgrund ihrer sanften Wirkungsweise in besonderem Maß für Kinder an. Immer mehr Kinderärzte greifen in der Praxis auf schonende Naturheilverfahren zurück. Auch viele Mütter und Väter werden immer verantwortungsvoller und offener für natürliche Heilmethoden; dadurch kommen altbewährte Hausmittel immer öfter zur Anwendung. Ob sie bei Fieber Wadenwickel machen, Brusteinreibungen oder Inhalationen mit Heilkräutern anwenden – sie versuchen nicht mit Kanonen auf Spatzen zu schießen, sondern vertrauen auf die sanfte Heilkraft der Natur.

Bestimmte Kinderkrankheiten sollten alle Kinder durchmachen, denn danach besteht ein Immunschutz gegen die Krankheitserreger.

Hilfe bei Kinderkrankheiten

Natürlich ist vor allem bei Kindern große Vorsicht geboten! Sie sollten deshalb unbedingt alle Symptome ernst nehmen und nicht zu lange warten, bis Sie einen Arzt aufsuchen. Andererseits sollten Sie sich – insbesondere bei Kleinkindern – keine übertriebenen Sorgen machen, wenn diese öfter krank werden, als Sie es von sich selbst gewohnt sind. Das Immunsystem des Kindes muss in den ersten Lebensjahren erst lernen, welche Keime gefährlich und welche harmlos sind. Dieser Lernprozess ist besonders erfolgreich, wenn alle so genannten Kinderkrankheiten durchgemacht wurden. Wie gut dies funktioniert, kann man z. B. an Masern oder Mumps sehen – wer diese Krankheiten einmal hatte, bleibt für den Rest seines Lebens dagegen immun.

Angst

Strategien zur Angstbewältigung sollte jeder Mensch schon in frühester Kindheit lernen. Eine verlässliche, liebevolle Zuwendung schafft Vertrauen; und Vertrauen ist die Basis für die Überwindung von Angst.

Bei Ängsten oder Angstzuständen handelt es sich einerseits um konkrete Furcht vor bestimmten Personen oder vor als bedrohlich empfundenen Geschehnissen. Z. B. lösen Themen oder Filme, die Kinder im Fernsehen serviert bekommen und nicht verarbeiten können – insbesondere brutale Gewaltszenen in Krimis, Western oder auch Sciencefiction –, häufig starke Ängste aus.

Andererseits gibt es aber auch diffuse Ängste, die sich häufig in Träumen ausdrücken. Sie sind oft gerade für Kinder, die sich noch nicht richtig artikulieren können, sehr belastend. Vor allem Kleinkinder mit einer lebhaften Phantasie fürchten sich vor der Dunkelheit, vor Gespenstern und Ungeheuern.

Mit Hilfe von Akupressur können Sie schonend und wirkungsvoll sowohl beruhigend als auch ausgleichend auf Ihr Kind einwirken. Außerdem sollten Sie möglichst viel Zeit für Ihr Kind haben und seine Ängste wirklich ernst nehmen.

Messer, Gabel, Schere, Licht ... doch auch zu langes Fernsehen, vor allem ohne Anwesenheit der Eltern, sind nichts für Kinderseelen.

Akupressur bei Ängsten

H 3 – Shaohai
Der 3. Punkt des Herzmeridians befindet sich am inneren Ende der Ellenbeuge.

H 7 – Shenmen
Der 7. Punkt des Herzmeridians (»Tor des Geistes«) befindet sich in der Handgelenksfalte, etwas unterhalb von deren Mitte.

LG 19 – Houding
Dieser Punkt befindet sich am Hinterkopf, genau auf der Hinterhauptfontanelle.

M 36 – Zusanli
Dieser Punkt befindet sich unterhalb der Kniescheibe außen am Schienbein. Er verbessert den Energiefluss in allen Meridianen und wirkt sich dadurch günstig auf den Seelenzustand aus (siehe Abbildung Seite 97).

Akupressieren Sie bei Kindern generell den jeweiligen Punkt nur mit sanftem bis mittlerem Druck und höchstens ein bis drei Minuten lang.

Günstigste Behandlungszeit: mittags von 11 bis 13 Uhr

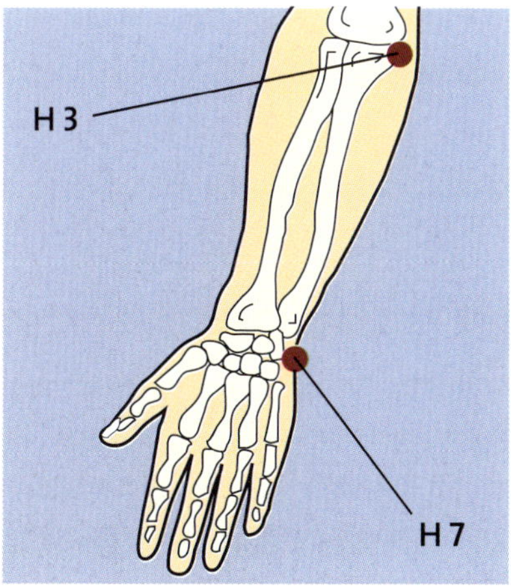

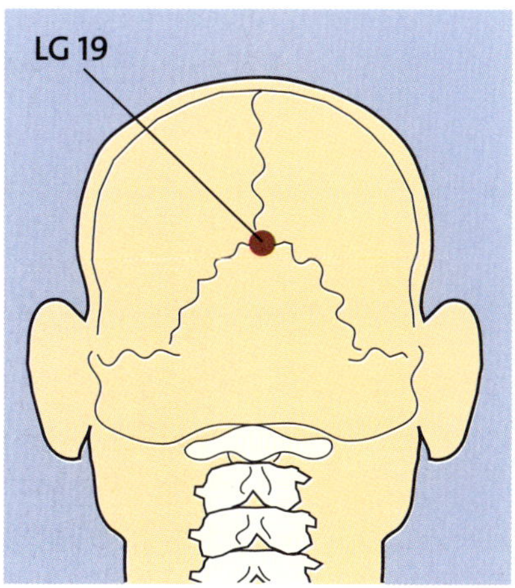

Bettnässen

Nächtliches Einnässen von Kindern, die bereits älter als fünf Jahre sind – vor allem dann, wenn sie vorher schon trocken waren –, hat in den allermeisten Fällen psychische Ursachen. Bettnässen ist oft ein stummer Hilfeschrei von Kindern, der ernst genommen werden sollte. Hierbei werden seelische Nöte ausgedrückt, die das Kind belasten und die es anders nicht ausdrücken kann oder will.

Lassen Sie im Fall von Bettnässen Ihr Kind zuerst auf mögliche organische Erkrankungen hin untersuchen.

Auch Mangel an Liebe und Zuwendung wird durch Bettnässen kompensiert. Hier bekommt das Kind endlich die lang ersehnte Aufmerksamkeit. Die Möglichkeiten eines Kindes, sich auszudrücken und seinen Ansprüchen in der Erwachsenenwelt Geltung zu verschaffen, sind sehr begrenzt, so dass es im Extremfall zu diesem Mittel Zuflucht nehmen muss.

In vielen Fällen kann eine psychologische Beratung, begleitend zu anderen Therapieformen, sehr hilfreich sein. Sprechen Sie mit der Kinderärztin oder dem Hausarzt über die Situation.

Organische Ursachen sind selten

Seltener hat das Bettnässen von Kindern organische Ursachen. In Betracht kommt hier vor allem das Einnässen bei Tag, hinter dem sich eine Entzündung der Nieren oder der Harnwege verbergen kann. In diesem Fall sollten Sie Ihr Kind unbedingt ärztlich untersuchen lassen.

Mit Akupressur beruhigen

Akupressur bringt die Seele wieder ins Gleichgewicht und normalisiert den Spannungszustand der Blasenmuskulatur. Dies ist auch bei organisch bedingtem Bettnässen von großem Nutzen.

Akupressur bei Bettnässen

G 43 – Xiaxi
Dieser Akupressurpunkt des Gallenblasenmeridians befindet sich auf dem Fußrücken am Grundgelenk der 4. Zehe. Drücken Sie den Punkt höchstens 3 Minuten lang mit mittlerer Stärke.

MP 6 – Sanyinjiao
Dieser Punkt des Milz-Pankreas-Meridians, Treffpunkt der drei Yin genannt, befindet sich an der Innenseite des Unterschenkels, 3 Finger breit über dem Knöchel. Akupressieren Sie den Punkt 2 bis 3 Minuten lang mit mittlerem Druck.

M 36 – Zusanli
Der »Dreimeilenpunkt« befindet sich unterhalb der Kniescheibe außen am Schienbein. Er verbessert den Energiefluss in allen Meridianen und wirkt sich dadurch auch günstig auf den Seelenzustand aus. Zudem entlastet und beruhigt dieser Punkt den Bereich der Blase und der Harnwege.

Gegen das Bettnässen sind alle Maßnahmen therapeutisch nützlich, die das geistig-seelische Befinden des Kindes harmonisieren, und alle Reaktionen schädlich, die das Selbstwertgefühl herabsetzen.

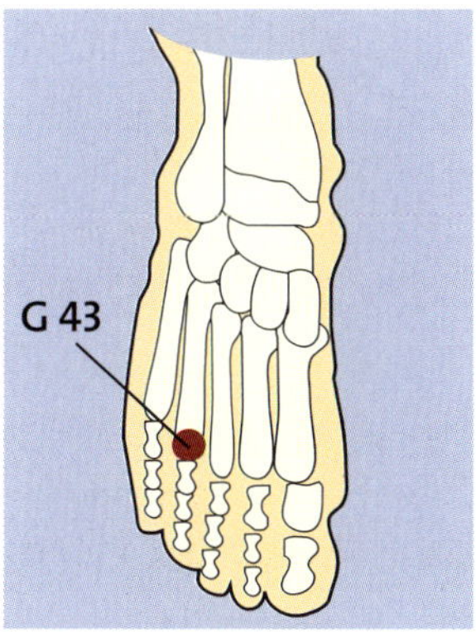

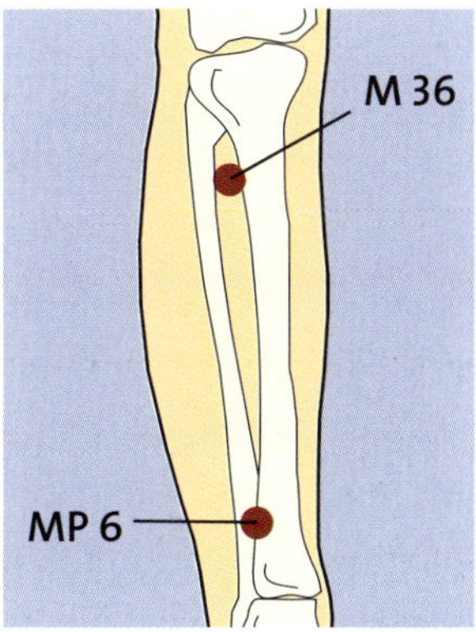

Günstigste Behandlungszeit: nachts von 1 bis 5 Uhr

Blähungen

Wenn die Blähungen immer wiederkehren, kann es sich auch um eine Unterfunktion der Verdauungsdrüsen oder um eine Störung der Bakterienflora im Darm handeln.

Eine der häufigsten Ursachen von Blähungen ist die vermehrte Ansammlung von Luft im Darm, die durch nervöses Luftschlucken (z.B. bei zu schnellem Essen) bedingt wird. In der Folge kommt es zu Schmerzen unter dem Brustbein und zu Blähungen. Diese können im schlimmsten Fall bis zu einem äußerst schmerzhaft aufgetriebenen Bauch (dem so genannten Trommelbauch) führen. Es kann sogar zu Kurzatmigkeit und Herzbeschwerden kommen.

Eine weitere häufige Ursache von Blähungen sind bestimmte Nahrungsmittel wie Kohl, rohe Zwiebeln, Knoblauch, Bohnen und andere Hülsenfrüchte sowie frisches Weißbrot. Diese Lebensmittel können zu Gährungsprozessen im Darm führen. Die dadurch entstehenden Gase verschaffen sich daraufhin durch Blähungen und Aufstoßen Luft.

Vor allem kleine Kinder werden öfter von unangenehmen Blähungen geplagt. Hier hilft Akupressur in sanfter und schonender Weise.

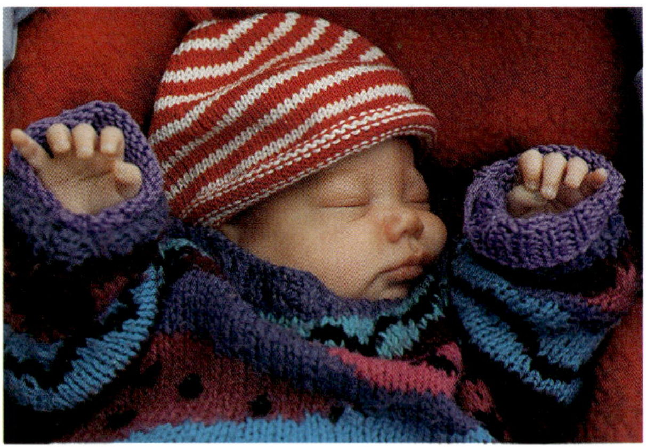

Ruhiger Schlaf – für Kinder und Eltern – garantiert ein Bauch ohne lästige Blähungen.

Akupressur bei Blähungen

M 36 – Zusanli
Der »Dreimeilenpunkt« befindet sich unterhalb der Kniescheibe außen am Schienbein. Er verbessert den Energiefluss in allen Meridianen und gleicht Disharmonien aus. Außerdem regt er die Verdauungsorgane an. Akupressieren Sie diesen Punkt bei Kindern 2 bis 3 Minuten lang mit sanftem bis mittlerem Druck.

Bei länger anhaltenden oder sehr häufig auftretenden Blähungen sollten Sie Ihr Kind unbedingt ärztlich untersuchen lassen.

MP 4 – Gongsun
Der 4. Punkt des Milz-Pankreas-Meridians befindet sich an der Innenseite des Mittelfußes, knapp unterhalb des Fußwurzelknochens. Akupressieren Sie diesen Punkt mit sanftem Druck etwa 2 Minuten lang.

KG 6 – Qihai
Der 6. Punkt des Konzeptionsgefäßes, auch Meer der Energie genannt, befindet sich oberhalb des Schambeins, etwa 3 Finger breit unterhalb des Bauchnabels (siehe Abbildung Seite 76).

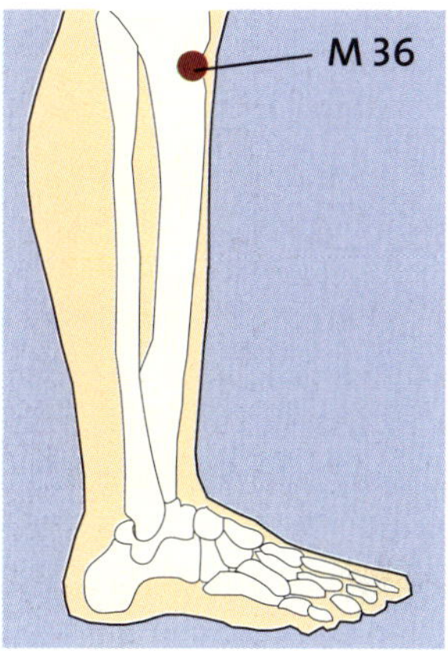

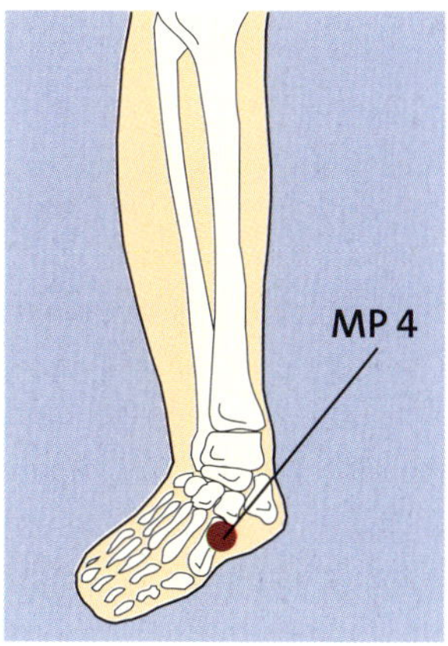

Günstigste Behandlungszeit: morgens von 7 bis 11 Uhr

Einschlafstörungen

Aus dem alltäglichen Horror eines Elternpaars: Das Kind hat mal wieder für eine schlaflose Nacht gesorgt, weil gerade die ersten Zähnchen kommen; oder der lange geplante Kinobesuch wurde unmöglich gemacht, weil dem Sprössling die neue Babysitterin nicht gefallen hat.

Viele Eltern kennen es

Schlafstörungen oder Einschlafstörungen erleben Eltern bei ihren Kindern nicht selten. Häufig sind es besonders umtriebige, unruhige oder nervöse Kinder, die zu Trennungsängsten neigen. Sie verlangen mit Penetranz nach der Anwesenheit einer Vertrauensperson beim Einschlafen.

Versuchen Sie einmal das Einschlafklima im Kinderzimmer mit aromatischen Ölen aus einer Duftlampe zu verbessern.

Oft sensible Kinder

Weil diese Kinder oft sehr sensibel und phantasievoll sind, nehmen sie die Tageserlebnisse meist hellwach mit in den Abend. Sie brauchen deshalb mehr Ruhe und Ausgeglichenheit als andere Kinder. Es sollten daher die äußeren Reize wie beispielsweise abendliches Fernsehen bereits einige Zeit vor der Einschlafphase reduziert werden. Bewährt hat sich bei Einschlafstörungen ein gewisses Zeremoniell beim Zubettgehen – z. B. das Erzählen einer Gutenachtgeschichte.

Unterstützung durch Akupressur

Gerade bei Problemen mit dem Einschlafen bietet die Akupressur wertvolle Hilfe, denn sie harmonisiert die Energien sowohl im körperlichen als auch im seelischen Bereich und gleicht Disharmonien aus. Zudem wirkt sie entspannend und beruhigend auf den körperlichen Allgemeinzustand.

Akupressur bei Einschlafstörungen

KG 4 – Guanyuan

Der 4. Akupressurpunkt des Konzeptionsgefäßes befindet sich knapp oberhalb der Schambeinmitte. Akupressieren Sie ihn mit sanftem Druck 2 bis 3 Minuten lang.

Körperliche und seelische Disharmonien, die Schlafstörungen verursachen, können durch die Stimulierung bestimmter Akupressurpunkte ausgeglichen werden.

Yin Tang

Dieser Spezialpunkt befindet sich genau in der Mitte zwischen den Augenbrauen – auf dem so genannten Dritten Auge. Akupressieren Sie ihn 2 Minuten lang mit mittlerem Druck.

M 36 – Zusanli

Der »Dreimeilenpunkt« befindet sich unterhalb der Kniescheibe außen am Schienbein. Er verbessert den Energiefluss in allen Meridianen und gleicht bestehende Disharmonien aus. Außerdem wirkt er sich günstig auf den Seelenzustand aus. Akupressieren Sie diesen Punkt 2 bis 3 Minuten lang mit sanftem Druck (siehe Abbildung Seite 113).

Günstigste Behandlungszeit: morgens von 7 bis 9 Uhr

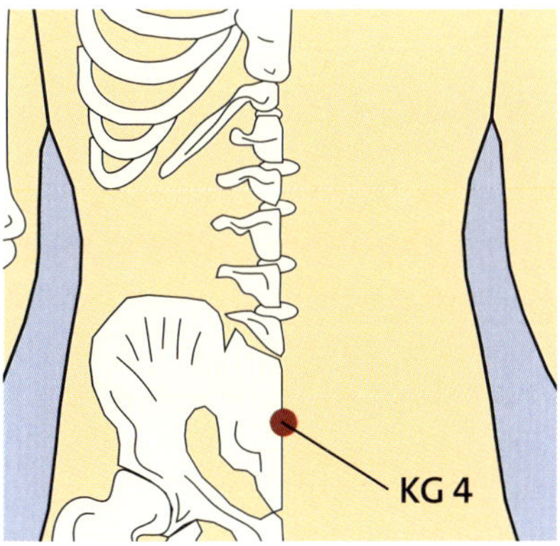

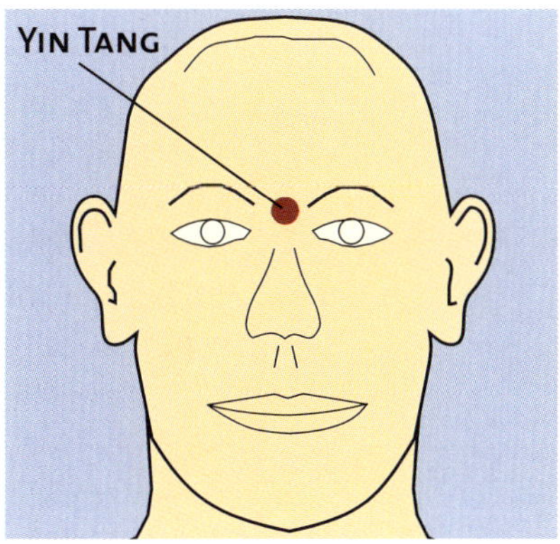

Fieber

Ein fieberndes Kind benötigt viel Flüssigkeit. Durch die erhöhte Atemfrequenz wird reichlich Wasser ausgeatmet, das ersetzt werden muss, damit der Kreislauf funktioniert. Am besten eignen sich dafür Früchtetees oder verdünnte Fruchtsäfte.

Fieber ist eigentlich keine Krankheit, sondern ein Symptom, das bei verschiedenen Erkrankungen auftritt. Dabei erhöht sich die Körpertemperatur über den Normalwert. Von Fieber spricht man, wenn die Temperatur oral (im Mund) gemessen höher als 37,5 °C und rektal (im After) gemessen höher als 38 °C ist. Bei Kleinkindern geht man von einer Temperatur von über 38,5 °C rektal aus, um Fieber zu diagnostizieren.

Typische Anzeichen für Fieber sind gerötete Wangen, verstärktes Schwitzen, glasige, glänzende Augen, Schüttelfrost. Außerdem besteht meist Appetitlosigkeit, während der Durst eher gesteigert ist.

Fieber ist eine sinnvolle Reaktion des Körpers zur Bekämpfung von Krankheitserregern, die – solange sich der Temperaturanstieg in Grenzen hält – nicht unterdrückt werden sollte. Wenn die Temperatur bedrohlich ansteigt – bei kleinen Kindern ist dies erst bei einer Temperatur von über 40 °C der Fall – und auch bei einer Behandlung nicht innerhalb kurzer Zeit wieder zurückgeht, sollten Sie unverzüglich einen Arzt rufen.

Wadenwickel

Eine altbewährte fiebersenkende Methode sind Wadenwickel: Tauchen Sie dazu zwei Baumwolltücher (z. B. Geschirrtücher) in zimmerwarmes Wasser, winden Sie diese aus, bis sie nicht mehr tropfen, und wickeln Sie die Tücher um die Unterschenkel des Kindes. Darüber ziehen Sie je eine Herrensocke. Achten Sie darauf, den Wickel zu wechseln, bevor er am Bein trocken geworden ist. Diesen Vorgang können Sie ein- bis zweimal wiederholen.

Akupressur bei Fieber

DI 4 – Hegu

Pressen Sie Ihren Daumen an den ausgestreckten Zeigefinger; dadurch bildet sich eine Muskelwölbung auf dem Handrücken. An der höchsten Stelle dieser Erhebung liegt der Punkt DI 4 (»Verbindung mit dem Tal«).

Fieber ist Ausdruck einer gesteigerten Krankheitsabwehr und sollte nicht ohne zwingenden Grund gesenkt werden.

DI 11 – Quchi

Dieser Punkt des Dickdarmmeridians befindet sich am äußeren Ende der Ellenbeuge. Akupressieren Sie diesen Punkt mit sanftem Druck 2 Minuten lang.

LG 14 – Dazhui

Dieser Punkt des Lenkergefäßes befindet sich am Nacken zwischen dem 7. Halswirbel und dem 1. Brustwirbel. Sie fühlen dort eine kleine Erhebung, wenn der Kopf nach vorne geneigt ist. Akupressieren Sie diesen Punkt mit sanftem Druck 2 bis 3 Minuten lang.

Günstigste Behandlungszeit: frühmorgens bis 7 Uhr

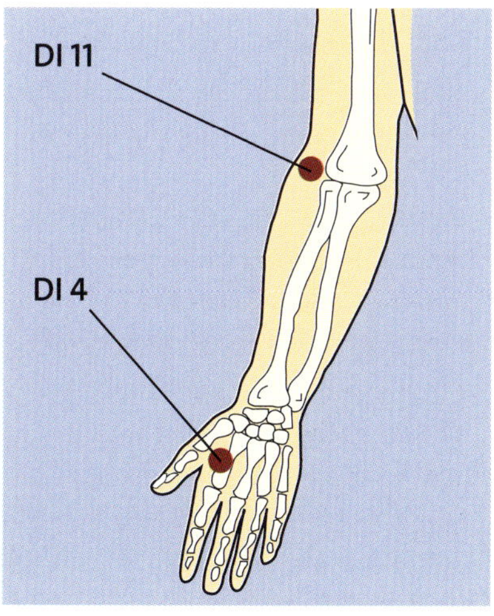

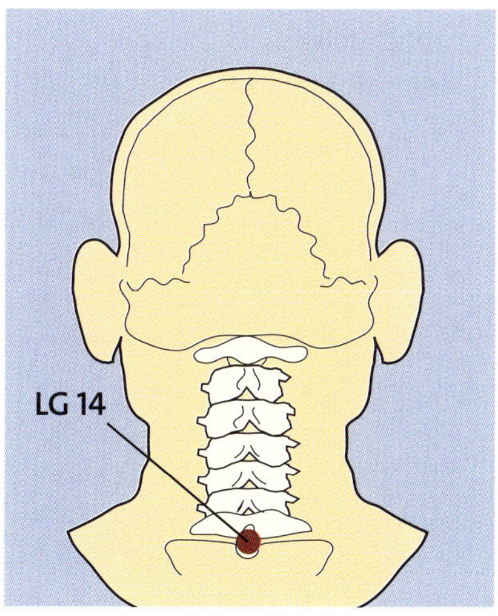

Stottern

Es gibt Menschen, die damit Probleme haben, Wörter flüssig auszusprechen. Sie brechen beim Sprechen häufig ab, um dann wieder von neuem zu beginnen. Diese Störung des Sprechflusses nennt man Stottern.
Betroffen sind davon vor allem Kinder. Stottern tritt vorübergehend bei fast fünf Prozent aller Schulanfänger auf. Die Hauptursache liegt meist im altersbedingten Missverhältnis von lebhaftem Mitteilungsbedürfnis und dem Entwicklungsstand der sprachmotorischen Fertigkeiten. Durch einen mutmachenden Umgang mit dem Kind werden die Stotterphasen meist schnell überwunden. Die Erwachsenen können dem Kind dabei helfen, indem sie Ruhe ausstrahlen und Sicherheit vermitteln. Sie sollten dem Kind die Möglichkeit geben, ausreichend zu Wort zu kommen, ohne es sofort zu kritisieren.

Stottern kommt in den besten Familien vor. Der Politiker Winston Churchill und die Filmschauspielerin Marilyn Monroe gehörten zu den prominenten Betroffenen.

Auch psychische Ursachen

Stottern kann auch als psychische Reaktion auf familiäre Belastungen und Konflikte auftreten. Unsicherheit und Angst können nicht verarbeitet werden und führen so zum Stottern als Ausdruck der Hilflosigkeit und mangelnder Ruhe.
Werden die Kinder dann noch von den Eltern wegen des Stotterns kritisiert, kann sich die Problematik verstärken. In besonders schweren Fällen kann eine Sprachtherapie sinnvoll sein.

So hilft Akupressur

Bei Stottern kann die Akupressur der im Folgenden genannten Punkte wertvolle Hilfe leisten, da sie sich harmonisierend, beruhigend und entspannend auf den geistig-seelischen Bereich auswirkt.

Akupressur bei Stottern

M 36 – Zusanli
Der »Dreimeilenpunkt« befindet sich unterhalb der Kniescheibe außen am Schienbein. Er verbessert den Energiefluss in allen Meridianen und gleicht vorhandene Disharmonien aus. Außerdem wirkt er sich günstig auf den Seelenzustand aus. Akupressieren Sie diesen Punkt 2 bis 3 Minuten lang mit sanftem Druck.

Machen Sie Ihrem Kind Mut, und unterstützen Sie es! Dies ist die beste Hilfe, die Sie ihm zur Überwindung des Stotterns geben können.

KG 15 – Jiuwei
Dieser Punkt des Konzeptionsgefäßes befindet sich an der untersten Spitze des Brustbeins. Akupressieren Sie diesen Punkt 2 Minuten lang mit sanftem Druck.

DI 4 – Hegu
Pressen Sie Ihren Daumen an den ausgestreckten Zeigefinger; dadurch bildet sich eine Muskelwölbung auf dem Handrücken. An der höchsten Stelle dieser Erhebung liegt der Punkt DI 4 (siehe Abbildung Seite 117).

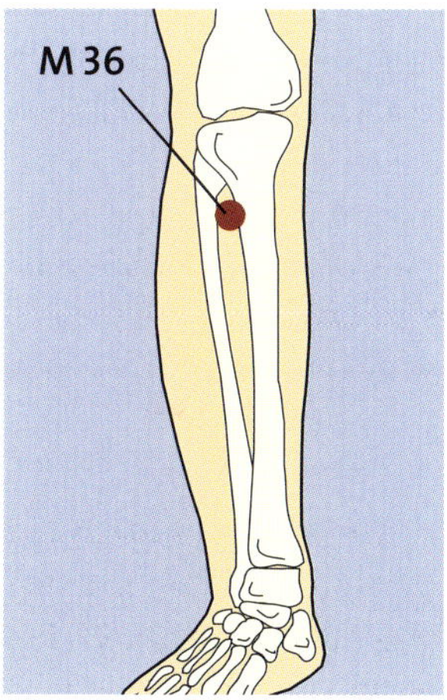

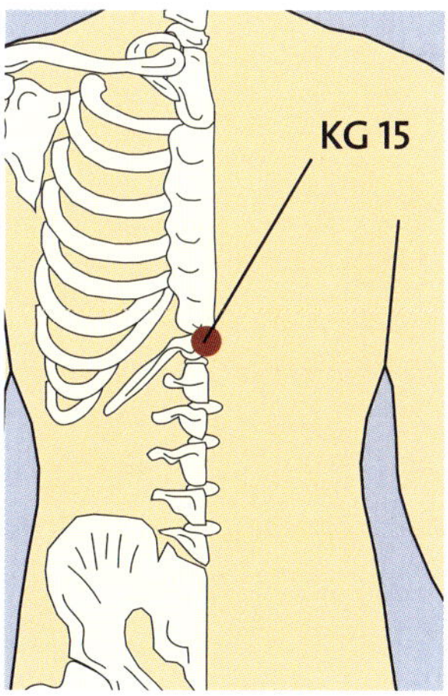

Günstigste Behandlungszeit: morgens von 7 bis 9 Uhr

Übergewicht

Kinder sollten nie mit Essbarem belohnt oder getröstet werden. Essen wird dann schnell zur Ersatzhandlung, um andere Bedürfnisse als Hunger zu befriedigen.

»Mein Kind hat es mit den Drüsen«, hört man öfter von Eltern, deren Kind übergewichtig ist. Die Drüsen sind es jedoch äußerst selten; nur bei weniger als einem Prozent aller übergewichtigen Kinder bestehen hormonelle Ursachen. Zu Übergewicht neigen vor allem Kinder, deren Eltern auch zu dick sind. Dies hängt mit der Vorbildwirkung der Essgewohnheiten zusammen.
Der Kalorien- und Nährstoffbedarf von Kindern wird in der Regel überschätzt. Immer noch werden Kinder von ihren Eltern zum Essen genötigt, damit sie »groß und stark werden«. Eine besonders unheilvolle Rolle spielen Süßigkeiten und andere kohlenhydrat- sowie fettreiche Leckerbissen, die von den Eltern oft überhaupt nicht in die Nahrungsmittelbilanz einbezogen werden. Dazu zählen auch die beliebten zuckerhaltigen Erfrischungsgetränke.

Was Sie tun können

Wenn Sie selbst nicht wissen, wie Sie sich vernünftig ernähren sollen, sollten Sie am besten eine Ernährungsberatungsstelle aufsuchen, wie sie es in jeder größeren Stadt und bei den Ortskrankenkassen gibt. Hier einige Vorschläge zur groben Orientierung:

- ▶ Kochen Sie möglichst fettarm und ballaststoffreich, und nehmen Sie häufiger kleine Mahlzeiten ein; dies ist besser als lange Essenspausen mit einer anschließenden großen Mahlzeit.
- ▶ Kinder sollten möglichst viel trinken, jedoch keine Colagetränke, sondern hauptsächlich Kalorienarmes wie Mineralwasser und Tee.
- ▶ Sie und Ihre Kinder sollten sich möglichst viel bewegen (z. B. Joggen, Wandern, Rad fahren, Schwimmen).

Akupressur bei Übergewicht

3E 3 – Zhongzu
Dieser Punkt des Dreifachen-Erwärmer-Meridians befindet sich am Grundgelenk des Ringfingers. Akupressieren Sie diesen Druckpunkt 2 bis 3 Minuten lang mit sanftem Druck.

KG 12 – Zhongwan
Dieser Druckpunkt auf dem Konzeptionsgefäß befindet sich etwa 5 Finger breit über dem Bauchnabel. Akupressieren Sie den Punkt 2 Minuten lang mit sanftem Druck.

M 36 – Zusanli
Der »Dreimeilenpunkt« befindet sich unterhalb der Kniescheibe außen am Schienbein. Er verbessert den Energiefluss in allen Meridianen und gleicht vorhandene Disharmonien aus. Daneben wirkt er sich günstig auf den körperlichen und geistig-seelischen Allgemeinzustand aus. Akupressieren Sie diesen Punkt 2 bis 3 Minuten lang mit sanftem Druck (siehe Abbildung Seite 119).

Eine fettarme und ballaststoffreiche Ernährungsweise ist der erste Schritt auf dem Weg zu einer dauerhaften Gewichtsreduzierung.

Günstigste Behandlungszeit: nachts von 23 bis 1 Uhr, morgends von 9 bis 11 Uhr

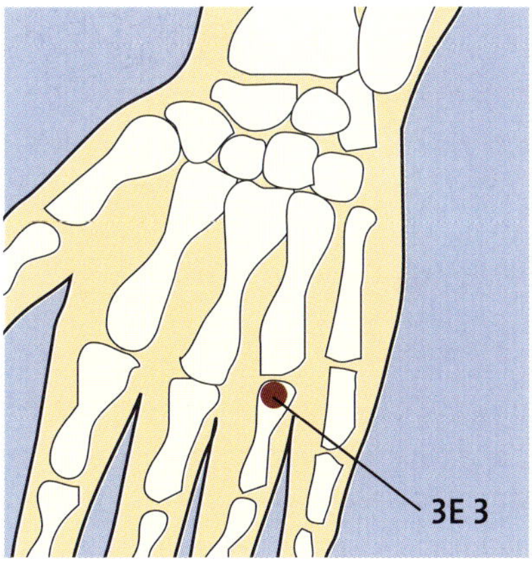

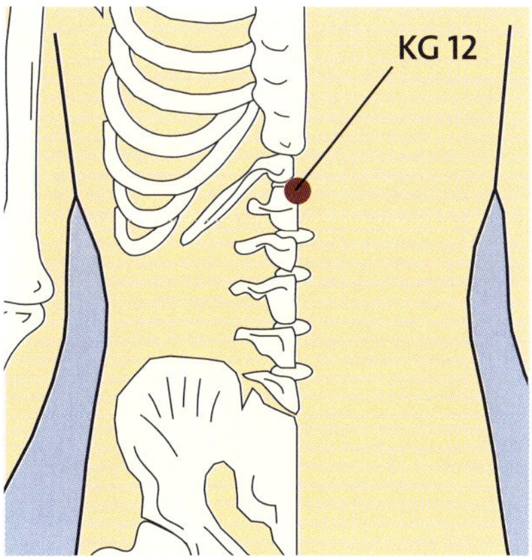

Unruhe und Hyperaktivität

Gehen Sie generell vorsichtig mit Therapien um, die einfache Problemlösungen versprechen. Sie könnten bestehende gesundheitliche Probleme noch verschlimmern.

Hyperaktive Kinder sind meist eine starke Belastung für ihre soziale Umwelt. Sie können keine Sekunde still sitzen, fassen alles an, wechseln laufend ihre Kontakte und springen von einem Gedanken zum anderen. Solche unruhigen und nervösen Kindern kommen in der heutigen von Unruhe und Hektik geprägten Gesellschaft sehr häufig vor und bereiten vielen Eltern, Erziehern und Kinderärzten große Probleme.

Nicht mit Verboten reagieren

Keinesfalls sollten Sie mit Strenge und Verboten auf diese Herausforderung antworten. Versuchen Sie vielmehr, den Bewegungsdrang dieser Kinder nicht allzu sehr einzuengen. Oft hilft es, die Kinder in einfache Hilfeleistungen im Haushalt einzubeziehen, wo sie sich »abarbeiten« können. Auch viel Bewegung und Sport tut gut.

Vorsicht Scharlatane!

Es gibt Therapien, die hyperaktive Kinder einer so genannten Festhaltetherapie unterziehen: Eine feste Umklammerung des Kindes durch einen »liebenden« Elternteil (zum Teil allerdings auch über Stunden mit Haltegurten) soll das Kind von seiner übermäßigen Umtriebigkeit befreien.

Diese problematische Therapie war ursprünglich nur für extrem autistische Kinder unter strenger ärztlicher Kontrolle gedacht. Heute wird sie von bestimmten Kreisen für alle »Zappelphilippe« zur Selbstbehandlung propagiert. Es liegt nahe, dass bei einer unsachgemäßen Anwendung dieser Therapieform seelische Schäden zurückbleiben können.

Akupressur bei Hyperaktivität

KG 6 – Qihai

Der 6. Punkt des Konzeptionsgefäßes, auch Meer der Energie genannt, befindet sich oberhalb des Schambeins, etwa 3 Finger breit unterhalb des Bauchnabels.

KG 12 – Zhongwan

Dieser Punkt liegt auch auf dem Konzeptionsgefäß. Er befindet sich etwa 5 Finger breit über dem Bauchnabel. Akupressieren Sie den Druckpunkt 2 Minuten lang mit sanftcm Druck.

M 36 – Zusanli

Der »Dreimeilenpunkt« befindet sich unterhalb der Kniescheibe außen am Schienbein. Er verbessert den Energiefluss in allen Meridianen und gleicht vorhandene Disharmonien aus. Außerdem wirkt er sich günstig auf den körperlichen und geistig-seelischen Allgemeinzustand aus. Akupressieren Sie diesen Punkt 2 bis 3 Minuten lang mit sanftem Druck.

Eine gute Möglichkeit, innere Unruhe abzubauen, sind bestimmte Atemübungen und Atemtechniken. Erkundigen Sie sich danach bei Ihrem Hausarzt oder einer Gesundheitsberatungsstelle!

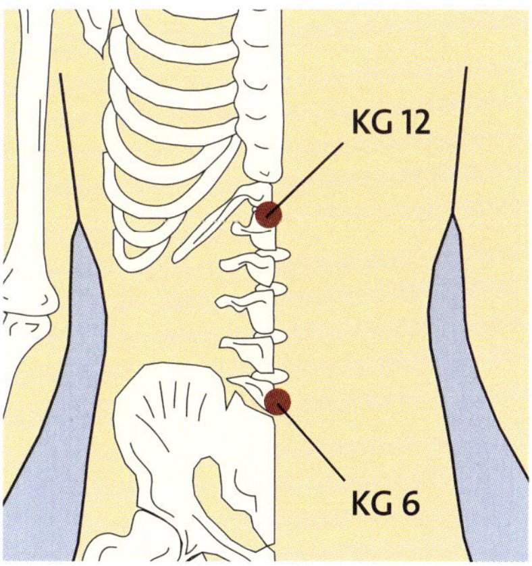

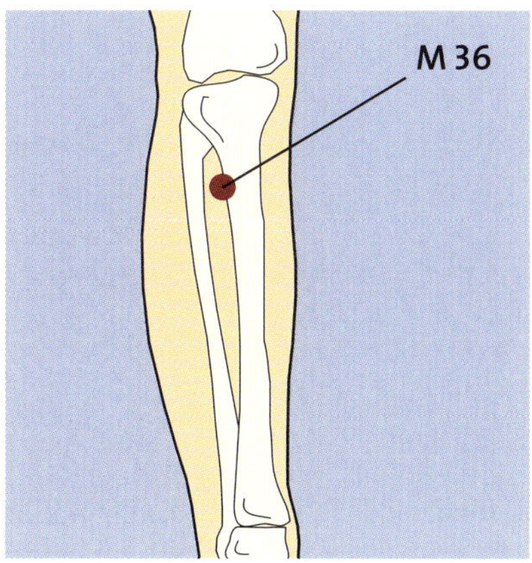

Zahndurchbruch

Mit dem Durchbruch des ersten Milchzahns beginnt die Zahnpflege. Mit einem Wattestäbchen oder Läppchen sollte der Mund des Kindes vorsichtig gesäubert werden.

Der Zahndurchbruch ist oft eine schmerzhafte und das Allgemeinbefinden stark beeinflussende Angelegenheit. Bei den meisten Kindern erscheint um den sechsten Monat der erste Zahn. Meist sind es die Schneidezähne, die zuerst kommen. Im zweiten Jahr brechen die Eckzähne durch, danach der erste Backenzahn und zum Schluss die hinteren Backenzähne. Um den dritten Geburtstag herum ist das Milchgebiss im Allgemeinen vollständig. Einen festen Zeitplan gibt es allerdings nicht.

So bricht der Zahn durch

Oft sabbert das Baby viel, wenn ein Zahn im Kommen ist. Bevor ein Zahn durchbricht, verdickt sich darüber die Kieferschleimhaut. Eine weißliche Verfärbung deutet darauf hin, dass der Zahndurchbruch unmittelbar bevorsteht.

Um den Kindern das schmerzhafte Zahnen ein wenig zu erleichtern, hat sich die Stimulierung der folgenden Akupressurpunkte gut bewährt.

Die ersten Zähne: oft eine Qual für Baby und Eltern. Sanfte Mittel zur Schmerzlinderung und Akupressur können diese schwierige Phase erleichtern.

Akupressur bei Zahndurchbruch

DI 4 – Hegu
Pressen Sie Ihren Daumen an den ausgestreckten Zeigefinger; dadurch bildet sich eine Muskelwölbung auf dem Handrücken. An der höchsten Stelle dieser Erhebung liegt der Punkt DI 4 (»Verbindung mit dem Tal«).

M 6 – Jiache
Der 6. Punkt des Magenmeridians befindet sich über dem Kaumuskel, kurz vor dem Unterkieferwinkel. Hier sollten Sie bei Schmerzen im Oberkiefer akupressieren.

M 7 – Xiaguan
Der 7. Punkt des Magenmeridians befindet sich in der kleinen Vertiefung des Kiefergelenks. Dieser Akupressurpunkt hilft bei Schmerzen im Unterkiefer.

3E 8 – Sanyanglo
Dieser Punkt befindet sich 1 Hand breit über der Handgelenksfalte zwischen Elle und Speiche.

Im zweiten Lebensjahr beginnt die Zahnpflege mit der Zahnbürste, die möglichst schon im vierten oder fünften Lebensjahr vom Kind selbst übernommen werden sollte.

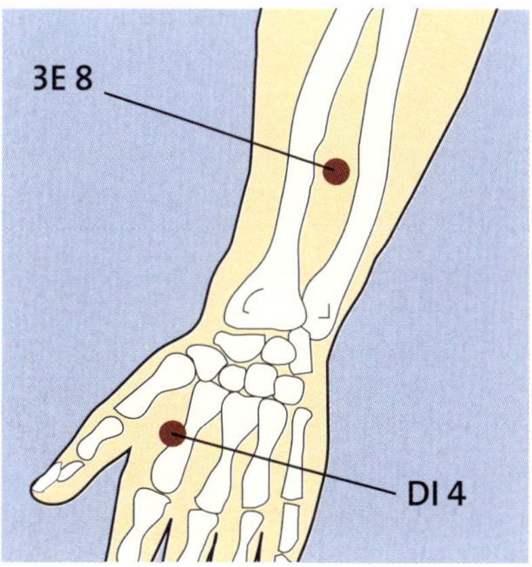

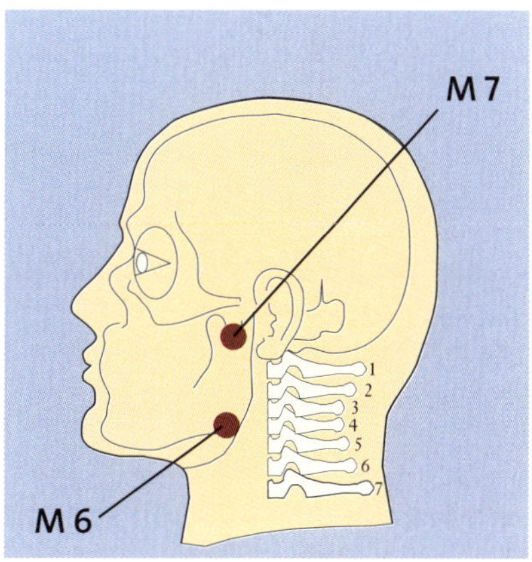

Impressum
© 1998 Südwest Verlag GmbH in der Verlagshaus Goethestraße GmbH & Co. KG, München

Redaktion: Georg Ledig, Ruth Gelfert
Projektleitung: Dr. Alex Klubertanz
Redaktionsleitung und medizinische Fachberatung: Dr. med. Christiane Lentz
Bildredaktion: Ute Schoenenburg
Produktion: Manfred Metzger
Umschlag: Manuela Hutschenreiter, München
Layout: Wolfgang Lehner
DTP: Hubertus von Baer

Printed in Italy
Gedruckt auf chlor- und säurearmem Papier

ISBN 3-517-08027-6

Über die Autorin

Dagmar P. Heinke, Heilpraktikerin in Nürnberg, beschäftigt sich vor allem mit Hauterkrankungen, Akne und Allergien. Ihre Spezialgebiete sind Akupressur, Akupunktur, Ayurveda-Medizin und Farbheilung. Sie hält in Deutschland, Österreich, Spanien, Frankreich, in der Schweiz und Türkei Seminare zu diesen Themen.

Literatur

Bahr, Frank R.: Akupressur. Mosaik Verlag. München 1991
Bernau, L./ Meyer A.: Schmerzfrei ohne Tabletten. Ehrenwirth Verlag. 4. Auflage, München 1998
Bulla, Dr. Gisela: Natürliche Heilung durch Aromatherapie. Südwest Verlag. München 1995
Ewald, Hans: Akupressur für jeden. Econ Verlag. Düsseldorf 1993
Heinke, Dagmar P.: Schlank und fit durch Ayurveda. Südwest Verlag. 4. Auflage, München 1997
Wagner, Franz: Akupressur. Gräfe & Unzer Verlag. München 1994

Hinweis

Das vorliegende Buch ist sorgfältig erarbeitet worden. Dennoch erfolgen alle Angaben ohne Gewähr. Weder Autorin noch Verlag können für eventuelle Nachteile oder Schäden, die aus den im Buch gemachten praktischen Hinweisen resultieren, eine Haftung übernehmen.

Bildnachweis

Alle Bilder stammen von Kristiane Vey/Jump, Hamburg außer: Bilderberg, Hamburg: 8 (Aurora); Das Fotoarchiv, Essen: 18 (Andreas Riedmiller); New Eyes, Hamburg: 106 (IDS/Le Studio); Rehm Claudia, Stockdorf: 112; Südwest Verlag, München: 11 (Karl Newedel), 52 (Christian Kargl/U. S.); Tony Stone, München: 32, 94 (Christopher Bissell), 60 (Chris Sanders), 82 (Bruce Ayres), 90 (Ken Scott), 102 (Jerome Tisne), 108 (Donna Day), 124 (Dennis O'Clair); Visum, Hamburg: 4 (Josep Pedrol)